親子溝通藝術

——教養子女的好方法

吳澄波◎著

序　言

過去曾主持過許多親職演講、座談會及研習班，接觸過許多家長，他們的子女從幼稚園到青少年都有。不論孩子大小，家長對教養孩子都覺得十分困擾。時代進步也影響到父母親的教養觀念，常常使得父母親感到困惑，不知如何是好。這本書是從行為改變技術的角度提供父母親教養子女的理念與方法。

我曾經在救國團青少年輔導中心「張老師」從事諮商輔導服務。在十八年的工作經驗中，我對行為輔導學派情有獨鍾。尤其從諮商輔導實務工作中更深刻體會到「清楚而明確，溫柔而堅定」的基本原則實在是父母、師長教養子女、學生應該遵循的圭臬。從民國八十二年起在實踐大學社工系開「行為改變技術」課程迄今十年，我把過去的諮商輔導經驗以行為改變技術觀點加以整理，並融合中國人的傳統觀念。在民國八十六年起擔任全人文教協會秘書長三年多的時間裡，採用其他四種輔導理論整合出MBT（Mind Building Training）人格教育核心理念，並據以發展出數種人格培育課程。

現代心理學主要分爲心理分析、人本主義及行爲主義等三大學派。行爲改變技術是行爲主義大師華森（R. I. Watson）在一九六二年提出的。行爲改變技術在理論上可分爲古典制約、操作制約、認知行爲改變、社會學習等四種理論基礎。尤其著重在操作制約原理的應用。操作制約是指行爲的後果可以決定該行爲是否會繼續出現。如果行爲的後果是快樂滿足的，行爲就會繼續出現，如果行爲的後果是痛苦難過的，行爲則會減少出現。根據這個行爲的原理，我們只要控制行爲後果的快樂或痛苦，就可以控制行爲的出現與否了。當然在實際應用時，還有許多因素需要考慮。人的行爲其實很複雜，但是總有原理可循，在本書中都會有所涉獵，提供讀者多面向的思考與理解。

本書的撰寫以理論與實務並重爲原則。理論部分其實也不是艱深難懂的理論，而是淺顯易懂的歸納、整理出教養孩子的原則。實務部分每篇均分別以「導言」、

「情境」、「解析」與「教養訣竅」四部分來闡述。針對父母親在教養孩子時常見的問題情境加以解析，並提出解決的方法，十分具體實用。本書適用的對象以有孩子在幼稚園到國小階段的父母親爲主，兼談一些青少年的管教方法。非常適合一般父母親閱讀。

本書能夠付梓，首先要感謝我的父母親，他們含辛茹苦在艱困的環境下教養我成長。其次要感謝「張老師」機構的各級長官對我的信任，讓我能學以致用；過去一起同甘共苦的工作夥伴給我的支持與搭配，讓我得以發揮所長。更要感謝過去曾經接受我輔導的當事人，他們讓我有教學相長的機會。衷心期望本書的讀者如能從書中得到啓發與助益，都能與我一樣心懷感激。

目錄

理論篇

每個父母親都希望能教養出優秀的孩子。然而，許多父母親多採用處罰的方式來修正孩子不當的行為，殊不知處罰會帶給孩子許多負面的副作用，如果能改以獎勵方式建立孩子適當的行為，不但比較有建設性，而且會帶給孩子正向的影響。我在〈做個鼓勵性的父母〉及〈建立孩子的好行為——善用獎賞與讚美〉、〈改正孩子不當的行為——謹慎運用懲罰〉三篇文章中，根據行為改變的理論，提出如何正確使用獎勵與懲罰的做法。

時代變遷快速，父母親常常會覺得現在的孩子越來越難教導，社會上的價值觀與風氣很多都會影響孩子，造成教養上的困擾。我在〈親子關係的困境〉一文裡將探討現代父母親在教養孩子時會面對的困境及因應之道。

中國的父母親都很重視教育，期望孩子能唸好書。許多父母親也會詢問我如何能幫助孩子把書唸好。我在〈如何養成孩子良好的唸書習慣？〉一文中，提供家長一些參考的做法。

培養孩子成為一位成熟的人，有賴父母親有良好的情緒管理能力。高EQ的父母親才能培養出高EQ的子女。我在〈努力做高EQ的父母〉文中，針對這個主題做了很多的闡述，期望父母親能先從健全自己開始，孩子在父母親的潛移默化之下，將會得到健全的成長。

親子關係的困境

最近有機會在一個補習班裡與數十位父母親座談有關子女教養的問題。開始時大家都有些不好意思，後來有位父親首先提出他在教養孩子上的問題，這下鼓舞了其他家長，大家紛紛舉手發問，場面十分熱烈。最後因爲時間不夠，好多位家長會後還圍著我把握最後機會問我他們的個人問題。

面對這些父母親，我深深體會到他們在教導孩子上焦急卻苦無良策的心情。所以我想在這裡談談親子關係的困境，好讓家長們有機會自我檢視一番，或許會從中得到某些啓發。

我覺得目前親子關係的困難大致上可以分爲三方面來了解。

親子關係黏連交纏、難以分化

中國人強調的家庭關係其實是源自血脈相傳的家族觀念。家庭是中國人社會的基本單位，個人只是家庭的一份子，而不是組成社會的基本單位。這點與美國人看家庭很不一樣。美國人看社會的基本單位是個人，而不是家庭。因此中國人會有「家醜不可外揚」、「光宗耀祖」、「家門不幸」等觀念。孩子在家中只要還有大人在，他們永遠是孩子。即使孩子長大成人，甚至已經結婚生子，父母親還是很難從心底把他當作是個成熟的大人來看待。孩子的行為與表現都與這個家有緊密的關係，父母親打心底就覺得他們有責任爲孩子的行爲負責。在這種情況下父母親角色壓力及情緒負擔過重，在面對孩子的問題時，就很難看開、捨得與放下。因此，孩子上學、交友、遊玩，甚至交異性朋友、結婚等，在父母親眼中都是「大事」，與他們的關係緊密，豈能任由孩子自己做決定？這種黏連交纏的親子關係當然有它的好處，相對的在孩子進入青春期，有獨立自主的需求時，也就容易造成親子關係上的困境。

許多父母親接觸西方民主式的教養觀點後，覺得教養孩子獨立自主、自我負責的確很重要，隨著孩子逐漸長大，父母親實在不需要也不應該爲孩子操太多的心，可是中國人的親情又讓他們放心不下，這實在是個頭疼的問題。因爲兩種不同的價值觀經常在他們心中衝擊，他們處在兩難之中，那種苦楚我們可以了解。然而，孩子並不了解父母親的心路歷程，因此這個苦只能由父母親自己來承受，這個結也只能由父母親自己來解。

過分重視解決眼前的問題，而忽略親子關係的經營

大多數的父母親都是在孩子出現問題行爲時，才會開始著手解決或向外求援。大多數父母親都希望能找到「立竿見影」的特效藥，能把他們的孩子立刻改頭換面「回到從前」。其實他們都知道「冰凍三尺，非一日之寒」的道理，他們也了解「要怎樣收穫，先那麼栽」的意義。可是到頭來，在面對孩子出現問題行爲時，仍然只重視問題行爲本身，他們還是只關心眼前的問題要怎麼解決，卻忽略了親子之間的關係出了什麼問題，要如何經營。

我想這種現象產生的原因可能來自三方面：

■忽略溝通的時機與情境

父母親在與孩子溝通他們的問題時，常迷失在與子女的互動之中，沒有適時跳出來檢視他們與子女間的關係如何。常常形成各說各話、沒有交集的現象。因此，父母親應該時時自我檢視「孩子信任我嗎？」「孩子覺得我了解他嗎？」「孩子覺得我在逼迫他嗎？」「孩子會覺得我是真正在關心他嗎？還是他會覺得我其實是在關心自己？」這類問題。

■當下情境與關心技巧配合不當

當孩子心情不好時，父母親內心同樣的焦急，結果很容易忽略孩子當時的心情，卻仍一味的苦心勸導或給他建議。這樣的做法，仔細想想其實只有一個好處，就是可以降低父母親自己的焦慮而已，看不出有什麼其他的好處。通常結果是事倍功半，孩子覺得父母親很嘮叨、很煩人，又不了解他們。父母親卻覺得孩子態度不好，自己好意關心卻沒得到好報。父母親和孩子都覺得很挫折，親子關係更見隔閡。因此，父母親要關心孩子時，一定要先沈住氣，眞正體會孩子的心情與需要，不能一味自以爲是的亂關心，以免弄巧反拙。

■欠缺技巧而退回原有的模式

有時候父母親努力想改善與孩子間的關係與溝通。他們努力的嘗試了一些方法，可是試來試去都不見效果，久而久之失去耐性，最後又退回原來的模式。這個問題出在父母親學習新的溝通互動技巧不夠熟練，無法掌握個中奧妙與精髓。尤其糟糕的是有的父母親教養的態度經常大幅度變化，結果孩子無所適從，親子問題更加嚴重。

其實，親子關係良好的話，問題的解決比較容易。建構基礎穩固的親子關係是幫助孩子成長、突破難關，以及解決問題的最佳保障。

誤用管教技巧

有些父母親預設立場地使用管教技巧。例如：管教孩子就只是要孩子「聽話」，或者有的父母親管教孩子只是在滿足父母親個人的需要（如：維護父母親的面子）。在這類情況下的管教當然不會有好的效果，徒然使親子關係陷入困境。

另外，也有些父母親不帶感情地使用管教技巧，對孩子凡事「公事公辦」，結果親子關係更形疏離。我們一定要牢記在心：孩子是同時需要「關懷」與「規範」的，兩者缺一不可。這種情況顯示很多父母親在學習管教技巧時不了解技巧背後的理論背景及精神要旨。結果形成教養孩子不是過度放縱就是過度嚴苛。

以上有關親子關係的困境探討，可以作爲父母親在教養孩子時自我檢核的要項，讓我們能以更輕鬆、更自然的心情來經營與孩子間的關係。

做個鼓勵性的父母

有時候，做父母親的應該對教養孩子方面做些檢討？我們在教養孩子方面眞正用了多少心？我們除了在孩子的身體方面給予照顧外，在孩子的心理需求方面是否也給予他們足夠的照顧？除了關心學校功課之外，我們是否也關心到他們其他德育、體育、群育、美育等方面的培育？親子之間的關係是否更加親密？還是逐漸疏遠？我們在促進親子關係方面做了多少的努力？孩子的生活快樂嗎？對未來有他們的計畫嗎？孩子的情緒自我控制能力如何？孩子的人際關係如何？孩子自己照顧自己的能力是否有增進？

上面一連串的問題大多是與孩子人格成長有關的問題。我一直認爲一個孩子的才能與成就固然重要，但是與心理健康比較起來，培養孩子成爲一個身心健全的國民是更重要的事。

我提供父母親「四減四加」作爲教養孩子方面自我努力的參考，使我們成爲鼓勵性的父母，在教養孩子方面能更爲有效。

「四減」是指在教養孩子上要減少的四樣事情

■減少對孩子負向的期望

有的父母親常有預期孩子不會成功的心理。「我看你算了吧！你要參加演講比賽？我看你連門都沒有！」類似的話聽在孩子的耳朵裡，是多麼的刺耳，又是多麼的打擊士氣，可想而知。這類的話對孩子說多了，會使孩子降低自信，遇事容易退縮，不敢嘗試。原因就是父母親常常用負向的期望使孩子的自信心斲喪殆盡。

■減少不合理的高標準

父母親都會對孩子有所期待，可是所期待的標準不宜超過孩子能做到的程度太多。如果期待水準只比孩子能力所及略高一些些，則可以使孩子覺得成功機會很大，而激發潛能，努力達成。但是如果期待水準太高，孩子衡量之下覺得不可能達成的話，自然就沒有動機去努力嘗試。我們對孩子的期待標準可以模仿田徑選手破紀錄的方式，依據他們現在的能力，逐步提高標準，不要一次提得太高，孩子會逐步地跟著進步的。

■減少過度的要求完美

父母親要避免將完美主義加諸孩子身上。孩子成長的過程中，難免會犯錯，我們應該把孩子犯錯看成是他們成長的契機。父母親不放過孩子每次所犯的錯，總要他們從錯誤中學習教訓，充實能力，避免下次再犯同樣的錯誤。這種態度與做法相當好，能幫助孩子逐漸進步。反之，父母親如果過度要求完美，孩子經常處在無謂的壓力下，有時甚至會因害怕出錯，壓力過大，致使表現更差，對父母親而言，反而得不償失。

■減少雙重標準現象

父母親對孩子的要求事項應以身作則。自己做不到的就不要要求孩子，以免引起孩子質問：「你們可以，我爲什麼不可以？」面對這樣的挑戰，有的父母親會回答：「因爲你還小。」這個答案對青春期的孩子是不具說服力的。因此，以身作則才是最好的示範。另外，父母親對孩子的要求應該一致，避免一個扮黑臉，一個扮白臉。結果孩子沒有學到正確的行爲規範，反而學會看臉色做反應。這就失去教導孩子的意義了。

「四加」是指在教養孩子上要加強的四樣事情

■加強接納孩子本來的樣子

接納孩子只因爲他是我們的孩子。不要要求孩子一定要做到我們的標準才能得到我們的接納。大多數的父母親總是「望子成龍，望女成鳳」的，有時候孩子沒有達到我們的期望，會令我們失望，甚至生氣。我們可以對孩子表達我們的失望與生氣，但是要避免對孩子表達「拒絕」、「放棄」。因爲拒絕與放棄的態度反映出父母親撤回對孩子的「愛」，使孩子更容易「自暴自棄」。唯有無條件的接納孩子，才會使孩子在足夠的安全感下努力成長與發展，因為無論如何孩子終究是我們的孩子，父母親的「天職」也不是說推就能推得掉的。按照孩子的本像接納他們，會給他們再度出發、繼續努力的支持力量。

■加強重視孩子正向的一面

曾經在一個父母成長班裡，好幾個父母親都不斷的述說他們的孩子有哪些缺點，令他們束手無策，苦惱不已。在聽完父母親對孩子的抱怨後，我要求每位父母親拿出一張紙，請他們在紙上寫下那位令他最頭疼的孩子的三個優點。起初父母親們都蠻錯愕的，因為他們說他們實在找不出孩子有什麼優點。我再三請他們想一想，最後每位父母親都寫出了令他們頭疼的孩子的三個優點。課程結束後，有位母親跟我說：「謝謝老師，過去我從來沒有認眞的想過我的孩子有什麼優點，因為他實在太令我傷腦筋了。今天老師這樣要求，我才有機會好好思索他有什麼優點。結果我發現他眞的不是那麼一無是處。」讓我們都學學這位家長，多從積極正向的方面去看我們的孩子。

■加強信任孩子，使他們產生自信心

父母親對孩子基本上要信任。當然孩子在成長的過程中，有許多能力需要培養。有時候難免會有失敗、錯誤發生，我們要幫助孩子從失敗中學習，使他不斷地進步與成長。孔子也說過：「人非聖賢，孰能無過？」因此，我們做父母親的要學習信任孩子，卻不放縱孩子的錯誤。也不要因爲孩子犯錯而對他們失去信心。在被信任的環境下成長，孩子比較會有安全感與自信心。

■加強肯定孩子的努力、進步，與成果並重

孩子只要有進步，我們就應該給予鼓舞，縱使距離理想境界還有一大截。只要孩子有不斷的努力與進步，總有一天會達到理想。如果只著重成果是否達成，而不去看孩子已經有的進步與努力，對孩子而言也是一種挫折。人的成就不也是一點一滴累積而成的嗎？多給孩子鼓勵，肯定、欣賞他的努力與進步，會給他更大的動力繼續向上邁進。

建立孩子的好行爲——善用獎賞與讚美

獎賞與讚美是建立孩子好行爲的有效方法。建立孩子好行爲應該從小開始，不能等到孩子進入青春期或出現不良行爲時才來加強。運用獎賞與讚美來建立孩子好行爲的做法應該不斷的進行。我們可以說這種建立良好行爲的方法也是建立溫馨家庭的良方。在運用獎賞與讚美時，父母親要注意下列的原則：

獎勵與讚美要立即

當孩子出現良好行爲時，父母親要即時的給予獎勵。有的父母親會覺得那個好行爲沒什麼大不了，先在心裡記帳，等累積到某個程度時，再一併給予孩子獎賞。其實獎勵與讚美就是要在好行爲出現後立即實施效果才大。諸如：在餐桌上孩子幫忙擺碗筷，或是把地上的菜屑、飯粒撿起來丟到垃圾桶裡等不甚起眼的行為，父母親都應該立即給予稱讚。久而久之，孩子就學會了這類好行為。

讚美要具體

父母親對孩子的讚美要具體、清楚。下面是一些不合適的讚美：「你眞乖，眞是個好孩子。」「你好棒，一定會成功。」「你這麼努力，一定會成爲偉大的音樂家。」正確的讚美應該像下面的例子：「你自動做功課，不用我催促，我很高興。」「你懂得照顧妹妹，我很欣慰。」「你這麼努力學鋼琴，沒有抱怨，我覺得眞不簡單。」「我看到你把紙屑丟到垃圾桶裡，保持環境整潔，我很高興。」

獎勵與讚美要與良好行爲相稱

孩子的良好行爲有大有小，通常努力程度大的，我們應該給予比較大的獎勵與讚美。努力程度比較小的良好行爲，有時只給予口頭讚美也就夠了，不一定要事事給予物質獎勵。儘量把獎勵、讚美的內涵與孩子的良好行爲相稱。

獎賞不能根據父母親的心情好壞而定

父母親在獎勵與讚美孩子時，應該有客觀的標準做依據，不能只憑自己的好惡或心情而定。父母親如果心情好就隨便給孩子獎賞或讚美，心情不好就對孩子的良好行爲視而不見，結果會讓孩子學不到良好行爲的客觀標準，只會學到「討父母親歡心」而已。

獎賞與讚美時勿附帶說教或挑剔

給孩子獎賞與讚美，就是單純的獎賞與讚美，不要加上其他的說教或挑剔的話語。諸如：「這次你考試的成績不錯，爸媽都很高興。不過你不要太得意，要曉得學如逆水行舟，不進則退。」「你跟弟弟合作把院子整理好，我很高興。可是你們還是做得不夠仔細，下次要再改進。」這些話聽在孩子耳裡，不會覺得是受到讚美，反而覺得是受到責備。

獎品應該是孩子所喜歡的

父母親如果要給孩子物質的獎勵，所送的禮物應該是孩子所喜歡的才有獎勵的效果。一位父親跟孩子說：「你這次考試進步很大，我很高興。暑假時帶你去阿拉斯加玩。」結果孩子說：「爸爸，我不要去阿拉斯加，你能不能買個電腦遊戲給我？」究竟孩子喜歡的禮物是什麼呢？其實最簡單的方法就是直接問孩子他想要什麼東西作爲獎品。獎品應該選孩子喜歡的，而不是父母親喜歡的。

避免意外獎勵了壞行爲

有時孩子會利用父母親忙碌或心煩時提出不合理的要求。父母親一時不察，如果答應了孩子的要求，結果就是獎勵了孩子「提出不合理的要求」的行爲。最常見的情況是孩子利用有客人來訪時，向父母親要求買東西。父母親礙於家裡有客人，如果拒絕孩子的要求，孩子又會吵鬧，給客人看笑話，因此只好答應孩子的要求。

物質獎賞與口頭讚美並用

當父母親決定對孩子的良好行爲給予獎賞時，一定要配合口頭讚美。不論獎品大小，都要加上口頭讚美。孩子年紀越小，可能給予物質獎勵的機會越大，但一定要配合口頭讚美。等孩子逐漸長大，物質獎勵可以逐漸減少，而由口頭讚美取代，同樣具有獎賞的效果。其實，孩子更在意的是父母親對他們的注意與欣賞。

不要吝惜讚美孩子

經常接受讚美的孩子比較容易形成良好的自我概念。他們對自己的看法比較正向，對自己比較有自信，對外在的事物與他人比較容易接納，也比較樂觀、積極。這些都是心理健康的人所擁有的特質。因此，做父母親的應該儘可能的給予孩子讚美，不要吝嗇。只要孩子表現出我們所期望的好行爲，不論該行爲的大小，都給予適當的讚美，孩子在這種良好的成長環境下，自然會成長得越來越好。

讚美要眞誠

給予孩子讚美一定要發自眞誠。父母親是眞的覺得孩子的表現很棒，才讚美他。千萬不要虛應故事，只是表面的敷衍兩句。因爲孩子跟我們一樣有敏銳的感受力，他們絕對能感受到父母親的讚美是否發自眞誠。眞誠的讚美才會對孩子產生正向的幫助，不眞誠的讚美只會讓孩子感到父母親的虛僞。

改正孩子不當的行爲——謹慎運用懲罰

建立孩子良好行爲時，要儘量多用獎賞與讚美的方法，然而孩子的行爲有時並不如父母親所期望的那樣遵守教導，偶爾出現不當的行爲時，父母親就要有另一套規範行爲的方法來導正孩子不當的行爲。最常被父母親採用的方法就是「懲罰」。懲罰是一帖特效藥，它可收立竿見影的效果，可是也容易產生許多副作用，用久了還可能產生抗藥性，不可不慎。以下是我們採用懲罰時應該注意的事項。

事先約法三章

先與孩子約法三章，如孩子有違反的行爲時，再照章處罰。父母親要先設想好孩子的哪些不當行爲要受到處罰，事先與孩子溝通好，讓孩子清楚知道自己要避免出現哪些行爲，否則就會受到父母親的懲罰。這個告知的過程十分重要。有了事先告知，孩子在犯過受罰之際才不會有怨言，也才清楚自己是因爲哪些不當行爲而受罰，以後要力圖改進。有的父母親認爲孩子都那麼大了，早就「應該」要知道哪些行爲是不當的。其實不然，父母親要多用一些心以孩子的立場思索，我們要求的標準孩子是否眞的清楚？如果違反，該受什麼樣的懲罰？這樣仔細想一想，我們很容易就發現有很多父母親自己都不清楚要求的行爲標準是什麼，以及違反這些標準該受到怎樣的懲罰。要孩子遵守又談何容易？

處罰要就事論事

孩子做錯事時，如果我們要用處罰的方式來教導他，切記要把握對事不對人、就事論事的原則。只要孩子違反了父母親所規定要遵循的行爲時，一定要秉公處理。不能因爲孩子過去行爲常常出問題，令父母親傷腦筋，而執法過嚴；也不能因爲孩子過去或其他行爲還不錯，而減輕其刑。尤其是家裡有兩個小孩以上時更要注意「公平」的問題，否則常被處罰的孩子會覺得父母親「偏心」。

父母親要記得「言出必行」比「嚴懲重罰」更能達到減少孩子不合適的行爲的效果。

懲罰要注意安全

從新聞報導中常會發現父母親不當使用體罰，造成孩子受傷甚至凌虐致死的事件。懲罰不能造成孩子身心的傷害，世界上許多國家都法有明文的規定，因懲罰孩子而造成孩子身心受傷，父母親必須負法律責任。體罰是最容易使孩子身體受傷的一種懲罰方法。使用體罰要特別注意安全。有些父母親會懲罰孩子餓肚子或不准喝水，同樣會使孩子身體受損，都是不足取的懲罰方式。有的父母親在懲罰孩子時，一面懲罰，一面還罵孩子，使孩子自尊心受損。這些方法都要避免，對孩子施予懲罰一定要注意安全。如果父母親沒有把握，最好避免採用懲罰的方法。

懲罰要心平氣和

父母親在盛怒之下不宜懲罰孩子。一定要在心平氣和的理性狀態下對孩子實施懲罰，才會比較有效。盛怒之下的懲罰可能會因下手太重，造成孩子受傷。也可能因爲盛怒時的面部表情、眼神、身體姿態會傳達出兇惡的仇恨訊息，導致孩子害怕父母親生氣時兇惡的樣子，卻忽略了自己應該改正的不當行爲。充其量孩子只學到了要避免讓父母親生氣，卻沒有學到要改正自己的某些行爲。結果只要父母親不在的場合，他們的行爲就可能變了個樣。顯然這種來自外爍的行爲要求並沒有內化到孩子的心裡，孩子自然不可能產生良好的自我控制。

針對單純行爲實施懲罰

懲罰應該針對孩子的某個單純的行爲爲之，不能摻雜其他複雜的動機在內。有的父母親爲了讓其他孩子學乖，而採用殺雞儆猴的方法，對一個孩子開刀，其他的孩子就乖乖的聽話了。這樣的做法會讓被懲罰的孩子覺得他很倒楣。

另外有的父母親會藉懲罰的機會報復，甚至我見過有個媽媽用打孩子來讓先生覺得痛苦，發洩內心對先生的不滿。也有父母親喜歡在懲罰時翻舊帳，藉機好好數落孩子一番，這種算總帳的方法並不可取。甚至有的父母親很「天才」，採用連坐法，妹妹的行爲要姊姊負責督導，如果妹妹行爲出差錯，姊姊要跟著受連帶處分。這種設計實在太離譜了。在這些不單純的動機影響下，懲罰的作用很可能變質，無法達到修正行爲的效果，反而衍生出更多的問題。

懲罰的方式與強度要與不當的行爲相稱

當孩子違規犯過時，父母親給予懲罰，以減少其不當的行爲，所採用的懲罰方式與強度要與不當的行爲相稱。例如：罵人髒話，要向別人道歉，還要寫一篇「如何做個有禮貌的孩子」的作文（如果孩子很不喜歡寫作文的話）；偷東西，則從零用錢裡加倍扣還；功課退步，則減少看電視的時間。以此類推，父母親要花心思構想孩子的哪些不當行爲該施予何種程度的懲罰方式。把握對等原則，訂出相稱的懲罰方式來，並且事先讓孩子充分了解，當孩子違犯時，執行起來，孩子會覺得公平、公正，就會有教育效果。

避免在公開場合懲罰孩子

父母親一定要儘量避免在公開場合懲罰孩子。有的父母親懲罰孩子，是爲了給別人見證他們是多麼的不護短。這種打孩子給別人看的做法，其實大可不必，也違反懲罰的使用原則。如果孩子與鄰居玩耍時弄傷了別人的孩子，父母親應該帶孩子去道歉，如有受傷送醫，應該表示願意負擔醫藥費，並且賠償別人的損失。但是千萬不要帶著孩子當場打給別人看。私下懲罰孩子違規犯過的行爲，維護了孩子的面子及自尊心，孩子比較容易坦然面對自己不當的行爲，也比較容易接受父母親的懲罰。

儘量避免使用體罰

懲罰的方法有很多，其中最不可取的就是體罰。體罰常常是在父母親氣憤的時候最容易採取的懲罰方法。由於在氣頭上，出手的輕重比較難以拿捏，有時不小心會打傷孩子，變成犯法的行爲。懲罰本來是修正孩子不當的行爲的一種方法，根本上那還是在關心孩子、愛孩子的出發點上所採取的一種方法。可是體罰時，父母親的責打、兇惡的表情都很難讓孩子相信那是愛他、關心他的一種表現。因此，父母親教養孩子時，應該儘量避免使用體罰。

懲罰後，要給予孩子安撫

孩子受到懲罰後，父母親要安撫孩子，讓他知道父母親因為愛他，希望他學好才使用懲罰。但要注意的是父母親不必為使用了懲罰而向孩子道歉，也不必說教。孩子受到懲罰後，心情一定不好，父母親要能了解，適當的表達「雖然你犯了錯，我還是很愛你」的訊息給孩子。讓孩子感受到他雖然有不當的行為，父母親是基於愛而給他懲罰，並不會減低父母親對他的評價。

獎懲並用，將功折罪

孩子犯錯受罰後如果能改過自新，父母親要配合即時的讚美與獎賞。給孩子一個「將功折罪，帶罪立功」的機會是很重要的做法。這個做法可以使孩子從受罰的痛苦中發現新希望，從負向難過的感受轉爲正向積極的情緒。教養孩子要避免讓孩子感到走投無路，總要給孩子開一扇窗戶，讓孩子永遠活在希望之中。

如何養成孩子良好的唸書習慣？

最近有好幾位父母親問我：「我們要怎樣做，才能養成孩子好的唸書習慣？」當我深入了解他們的孩子唸書的情況時，發覺他們的孩子做功課大都有類似的情形，就是每天花在看電視、玩電動玩具、看漫畫書等的時間蠻多的，而且都是開始先「玩」，等到父母親三催四請之後，拖到很晚時才開始做功課。父母親對這種情形是又急又氣，簡直不知道該怎樣來教導孩子。

面對孩子唸書拖拖拉拉的現象，父母親除了口頭提醒、告誡、斥責等方法，似乎沒有其他可用的方法。即使有想過，也覺得「一定沒用」而打消念頭。想想天下父母心眞是叫人感佩。教養孩子好像把一隻小鳥握在手上，捏重了，怕牠被捏死；握輕了，又怕牠飛走。拿捏的分寸眞是難呀！

想想我自己的大兒子，現在唸國中，成績雖然不是最好，但在班上都還保持中上程度。他從小學開始我就刻意培養他唸書的習慣，到現在爲止他都保持得很好，我也沒有爲他唸書的事操太多的心。我想從理論上及我個人的經驗提供父母親參考。

作業的量要規定清楚明確

除了學校規定的功課外，我自己會要求孩子另外做些額外的課業，諸如數學、英文、國文、生物、理化等。每天只選其中兩種額外課業，作業量也不會太多，我先估計按普通速度來做的話，大約在一個小時可以完成。於是，事先跟孩子約定好，每天必須完成的課業量，讓他清楚了解我的要求標準。一旦他的功課及家庭作業完成後，每天所剩下來的時間就是他自己的，他可以自由安排，他可以看電視、打電腦、玩電動、看漫畫書、玩模型玩具等，我都不再干涉，直到睡覺時間爲止。

開始規定孩子的功課要求標準時，孩子可能不太清楚，父母親也可能不了解孩子做功課的速度。實施一段時間後，可以加以適當的調整，使孩子對自己每天要花在做作業的時間能有清楚明確的概念與把握。

明訂開始寫作業的時間

通常孩子回到家的時間比較早，父母親比較難督導。因此，我們可以訂清楚晚上幾點鐘開始是孩子寫作業的時間。一旦明確訂下做作業的開始時間，就不能隨意更改，一定要堅持到底。如果我們訂定晚上七點開始是做作業的時間，我們可以在六點五十分時提醒孩子：「還有十分鐘就要開始做作業了。」七點鐘一到就宣布現在是做作業時間，然後立刻關掉電視，收起電動玩具、漫畫書、模型玩具等。千萬要避免任何例外。剛開始實施時，孩子可能不會立刻就遵照實施，會討價還價，「爸爸，等我玩完這一關就去寫功課。」「媽，這部卡通再十分鐘就結束了，等我看完就去寫作業。」這時我們只要重申我們已經約定的開始寫作業的時間是幾點鐘，其他的都不必說，只要要求孩子按照約定開始做作業就可以了。

取得孩子同意

在與孩子訂定開始做作業的時間的時候，要注意一定要取得孩子的同意。如果孩子有疑問，我們可以加以解說。如果孩子覺得有困難，我們可以去了解他的困難所在，協助他克服困難。如果孩子沒有意願，我們可以加以解釋：這個做法對他的好處，以及父母親對他的表現是如何的重視等，引發他配合的意願。無論如何，原則上就是一定要得到他的認可。如果規定開始做作業的時間沒有得到孩子的同意，日後他配合的意願不高，我們強制要求的話，他心裡不舒服，效果也大打折扣，還會惹得父母親一肚子火。所以讓孩子了解這樣做法對他的好處，引發他配合的意願是不可少的一個步驟。

避免其他干擾因素

孩子一旦開始做功課，父母親也要能配合儘量減少干擾孩子做功課的因素。諸如父母親不能要求孩子去做功課，自己卻開始看電視，因爲電視的聲音可能會影響孩子的唸書，除非父母親自己房間裡另外買個電視，關起門來不會吵到孩子。孩子同學或朋友的電話也是一項干擾因素，父母親儘量告知來電的人孩子正在做作業，大約一個小時之後再請他來電，或留下對方電話，等孩子功課做完後，再給他回電。諸如此類的干擾因素不一而足，處理原則就是儘量予以排除，一切以孩子做作業爲優先，因爲那是我們約定好的事情，所有干擾的事情都要等完成了功課之後再做處理。當然這個處理的原則也要事先與孩子商量好，取得他的同意，才能有效的實施。

訂定明確獎勵辦法

父母親可以和孩子約定具體的獎勵措施，比如孩子開始按這個計畫實施一個星期沒有違反，能確實遵守約定執行的話，我們就選週末帶他上餐廳吃大餐，當然要先確定孩子喜歡吃大餐。有的孩子可能只要你買個電玩卡帶給他，他就很高興了，這時電玩卡帶就是最合適的獎品。我們跟孩子訂定的獎勵辦法同樣要清楚明確，包括：他要做哪些努力？要求的標準是如何？必須執行多長的時間？獎品是什麼？如何評量他可以得到獎品？獎勵辦法越明確，孩子越容易遵循，父母親執行起來也越輕鬆。獎勵辦法可以視計畫進展的情形，一段時間後加以調整修正。

溫柔而堅定的關懷與要求

剛開始實施時，孩子可能覺得很不適應，需要一段時間調適。這時父母親要以溫柔的關懷去了解孩子的辛苦與內心的掙扎，儘量以孩子的立場去了解、接納他覺得困難的感受。可是在計畫的執行與要求上要堅定不移，不能隨意更改已經跟孩子約定好的事情。所以儘量關懷、鼓勵孩子，但不要降低要求標準，也不能輕易退讓。因爲那個計畫已經不是父母親單方面可以任意取消或改變的，必須等執行一段時間後做檢討時，才能更新約定的內容。

以上六個要點是我提供給父母親們在培養孩子養成唸書習慣上要注意的事項。如果能按照這些原則來設計，要求孩子持之以恆的實施一段時間後，我相信一定能幫助孩子養成良好的做功課的習慣。

努力做高EQ的父母（一）

在一次學校裡的親職教育演講會上，有一位母親問我：「要怎樣做才能培養出高EQ的孩子？」我打心底高興起來，因爲這位母親關心孩子的不是「如何增加孩子的記憶力」，或「如何使孩子的功課更進步」、「如何使孩子少玩一些，多唸點書」之類的問題。多數的父母親都會比較重視孩子智能的發展、功課的好壞。這些都是屬於IQ方面的發展主題，卻較少注意孩子人格成熟的發展主題。於是我詢問全體家長：「哪一位家長能告訴我們什麼是EQ？」台下家長們你看看我，我看看你，大家都顯出一副茫然的樣子。終於有位家長說：「就是脾氣比較好，不會亂發脾氣，情緒比較穩定。」我邀請全體家長給這位勇敢表達意見的家長鼓掌表示鼓勵。

我們常說的EQ是指「情緒商數」（emotional quotient）。那是哈佛大學教授

Daniel Goleman在一九九五年提出相對應於IQ（智力商數[intelligent quotient]）的另一個人格成長領域。事實上，EQ所談的內容雖然是與「情緒」有關，然而其中包括五項內涵：

1.了解自己的情緒。

2.管理自己的情緒。

3.自我激勵。

4.了解別人的情緒。

5.建立良好的人際關係。

高EQ的父母才可能培養出高EQ的子女。高EQ的夫妻才可能營造出高EQ的家庭。所以要培養出高EQ的孩子要先從父母親自己做起，努力使自己成爲高EQ的父母。孩子在家裡潛移默化，自然容易仿同父母親的行爲表現，成爲高EQ的孩子。

要成爲高EQ的父母親，首要工作是「了解自己的情緒」。我們要能隨時隨地檢驗自己的情緒狀態。當我們感到沮喪、難過、生氣或快樂、舒服時，我們要能及時察覺。

一位在工作中受到挫折的父親回到家裡，看到屋裡的東西很亂，孩子的玩具丟得滿地，見到太太正在看電視，一股無名火直冒上腦門，立刻衝口而出：「妳怎麼把這個家搞成這個樣子！成天只會看電視！屋子亂成這樣子，也不會收拾收拾！」太太一聽，內心覺得很委屈，也很氣憤。剛剛才在廚房忙著準備晚餐，好不容易有個空檔，坐下來看看電視喘口氣，結果莫名其妙的被剛進門的先生罵了一頓，內心一火，立刻回嘴：「你只會罵我，你沒看見我剛才在廚房忙啊?!自己心情不好，亂罵人！你嫌家裡亂，不會自己動手整理?!莫名其妙！」於是兩個人展開了一場激烈的爭吵，搞得兩敗俱傷。

如果先生能夠察覺自己在工作中的挫折使自己心情變得沮喪、易怒，他就可以比較冷靜客觀的分清楚家不是公司，在工作中的情緒不要帶回家裡發洩。太太在被先生責備時，如果能夠察覺到自己的委屈感，就比較容易更理性的對先生做反應。

一個八個月大的嬰兒不停的哭，父親受不了嬰兒的哭鬧，心情逐漸變得惡劣起來。哄了半天，嬰兒還是哭鬧不止，這位父親開始生氣，怒火衝上腦門，氣得一面罵嬰兒（嬰兒怎麼聽得懂？），一面摔他。這位父親不知道自己正在生氣，出手也變得很重。摔了十幾次，終於嬰兒逐漸不哭、不鬧了，因爲嬰兒已經死亡。這是以前報紙上曾經刊登的一件人倫悲劇。

一位任教於中學的女老師，因爲感情挫折，與男友談判分手後，心情很是沮喪。第二天到學校上課，她的心情很不好，沒有梳妝打扮，一副憔悴的樣子。可是當上課鈴響起，她拿起課本走向教室，在教室外面，她停下腳步，在心裡告訴自己：「我現在心情雖然不好，但是學生是無辜的。我要打起精神來上課，否則對學生不公平。」於是，她甩了甩頭，用手把頭髮整理了一下，深深吸了口氣，轉過身，臉上帶著笑容，精神奕奕的進入教室開始上課。我爲這位女老師的高EQ表現喝采，她能察覺自己的情緒狀態，並且掌握個人情緒不影響教學的原則。她的學生眞的很有福氣。

父母親要能培養高EQ，首先要能隨時察覺自己的情緒狀態。如此才不至於被情緒淹沒，在衝動行事之下，造成遺憾。

其次，要成爲高EQ的父母親，要懂得如何「管理自己的情緒」。很多人認爲不好的情緒應該「壓抑」。事實上，情緒是無法長久壓抑的。不好的情緒在長久壓抑下，會累積在內心深處。好像火山內部熔岩，蓄積了極大的能量，一旦壓抑不住而爆發時，其破壞力十分可怕。一直用壓抑的方法處理自己不好的情緒的人，就好像是一顆不定時炸彈一樣，不知道什麼時候會爆炸。那是多麼可怕的情況?!

一位大學教授與太太個性不合，婚姻出了問題，太太堅持與他離婚後，就到美國發展，留下一個女兒跟著這位父親。這位教授非常疼愛女兒，但是他處理挫折、沮喪的方法都一直採用壓抑的方法。女兒很用功，一直名列前茅，因爲好勝心很強，經常唸書到深夜，不肯睡覺，爲的是不容許自己在功課上輸給別人。這樣的個性跟她的母親一樣。這位父親屢次半夜起來勸女兒早點睡覺，不要拚得太晚。有一天晚上，女兒依舊唸書到很晚，父親再度叫女兒去睡覺。女兒覺得父親很煩人，就頂嘴說：「爸！你自己去睡啦！我的事情不要你管！」這位父親一聽，「我的事情不要你管！」這句話就是他太太當初要求離婚時對他說的一句話。這句話好像是個導火線，過去壓抑的所有情緒突然爆發出來。他在失去理智的狀態下，把過去婚姻的失敗、挫折、沮喪，以及對太太的不滿、憤怒一股腦的發洩出來，在混亂中他失手把女兒掐死。整個社會受到極大的震撼，一位受過高等教育的大學教授，怎麼可能親手殺死那麼乖巧的女兒？很多人無法理解原因出在哪裡。

情緒的管理需要「紓解」，不能只採用「壓抑」。否則一旦爆發，後果都非常嚴重。至於情緒要如何「管理」才好呢？我們下一篇再談。

努力做高EQ的父母（二）

前面我們談到高EQ的父母才可能培養出高EQ的子女，高EQ的夫妻才可能營造出高EQ的家庭。所以要培養出高EQ的孩子要先從父母親自己做起，努力使自己成爲高EQ的父母。

在情緒的管理上，首重了解自己的情緒。唯有在了解自己的情緒之後，才有可能做好「管理」自己的情緒的工作。管理自己的情緒不能只用「壓抑」的方法，因爲壓抑的結果可能導致無法預測的「爆發」，結果很可能傷害他人也傷害自己。

情緒到底要如何「管理」才好呢？我想可以有四種方法：

用深呼吸來降低激動的情緒

當我們能察覺自己的情緒狀態時，可以用深呼吸的方法來降低情緒激動的狀態。一面深呼吸，一面同時心裡默數「1—2—3—4—5—6—7—8—9—10」。甚至可以暫時把眼睛閉上，試著去感覺自己的情緒好像溫度計一樣，由一百度逐漸下降，一直降到平常的溫度爲止。

勉強自己「暫時離開」引發強烈負向情緒的情境

如果前面這個方法試過沒效，可以勉強自己「暫時離開」引發強烈負向情緒的情境。如果發現自己怒火中燒，情緒溫度計的度數急速上升，快要發作出來，我們警覺到這個情況，試著去控制情緒使它回復平穩卻無效時，就可以用「暫時離開」這個方法，讓自己出去走走、透透氣，舒緩一下緊張、激動的情緒。

比如太太跟先生在廚房一言不合，眼看著自己的情緒就要發作了，又無法控制下來時，可以把火爐關掉，暫時離開廚房，到臥室或書房去讓自己有時間冷靜一下。

小岩的媽媽看了孩子的成績單，很不滿意，正在訓誡小岩時，他居然頂嘴，還講了一堆的理由，媽媽越聽越火，心想：「自己不用功，還找藉口，一點都沒有自我反省，還一副理直氣壯的樣子！」情緒溫度計急速上升，眼看著就要衝口而出，開始罵孩子了。這時如果小岩的媽媽察覺到自己的情緒狀態，可以跟孩子說：「小岩，你先到你房間去做功課，等一下我再找你談。」這樣就可以暫時離開那引發強烈負向情緒的情境，讓自己有更多的時間來降溫。等情緒平穩之後再來處理，比較不會出更大的差錯。

找出適當紓解負向情緒的方法

每個人都應該找出紓解情緒的方法，而且方法越多越好。我曾在一個演講場合，請聽眾寫下他們曾用過哪些方法來紓解自己負向的情緒。我把那些方法列在下面，大家可以做個參考：

「運動（打球、游泳等），看電影，聽音樂，看小說，看漫畫，玩樂器，打電動玩具，寫日記，畫畫，吹風，洗澡，睡覺，逛街，吃東西，找朋友聊聊，找諮商人員談，喝酒……。」

以上這些方法中，我鼓勵大家多採用「找人傾訴」的方法來紓解情緒。不論是找朋友、同事，或是找諮商人員都可以。當然這要考慮到平時的人際關係，以及對方是否有空等因素。

逛街，可能會伴隨著大量採購來紓解激動的情緒，可是那會造成以後收到帳單時的額外困擾。有時「代價」還蠻高的。

吃東西固然可以紓解情緒，但會有「變胖」的副作用。女性可能要三思而後行。

以上的方法中唯一我覺得不宜採用的就是「一個人喝悶酒」的方法。因爲「借酒澆愁，愁更愁」。一個人自己喝悶酒，更容易使自己深陷牛角尖而無法自拔。情緒變得更加沮喪，形成惡性循環。

原則上我們要能夠找出適合自己的方法，越多越好。這樣我們就可以有多種選擇來紓解自己負向的情緒，而不至於深陷情緒困擾之中，一籌莫展。

調整內心的想法，一念之間的改變就能調整我們的情緒

有時候我們會覺得「山窮水盡疑無路」，百思不得其解，可是一旦能夠換個角度去看，立刻發現「柳暗花明又一村」。

小王剛進一家公司工作，做了三個多月之後，有一天因為他的一個疏失，被老闆好好的斥責了一番。被罵的挫折使小王根本沒心情工作，只在座位上發呆，內心十分氣餒、沮喪，久久無法平復深陷低潮的情緒。小李在這家公司工作已經七、八年了，很了解老闆的作風。看到小王被罵，一副沒精打采的樣子。於是走過去拍了小王肩膀一下，跟他說：「小王，我告訴你，我跟這個老闆好幾年了，這種情形我看多了。告訴你，公司的好幾個經理都是被他罵大的。通常老闆罵得越兇，表示他越重視你。將來被提拔的機會也越大。」這番話輕描淡寫，但是聽在小王耳中，立刻發酵。小王心想：「剛才老闆罵自己那麼兇，不正表示他重視我嗎？這頓罵還罵

得眞好，罵得有前途！」一下子，小王從挫折的沮喪情緒中恢復過來。其實只是他換了個積極建設性的角度來看被老闆罵的這件事，心情就跟著起了很大的變化。

同樣的道理，我們對自己的孩子不滿意時，是不是也可以換個角度，用積極正向的心態來看待他們，我們的心情也可以很快的轉向，對待孩子的態度、講話的口氣也就自然不一樣，相對的給孩子的感覺也就不同了。

高EQ的表現是有方法可循的。但願我們做父母親的能繼續努力，讓我們成爲孩子最好的示範，使孩子也在潛移默化之中學習成爲高EQ的人。

青少年篇

孩子逐漸成長，身心發展漸趨成熟，父母教養的態度與方法也要隨之調整。尤其當孩子在國小五、六年級以後，進入青春期，生理變化及性的成熟都會對孩子產生巨大的影響。特別是伴隨著身體成長而來的心理及情緒變化，更常造成父母親在管教上的困惑，甚至覺得很無力。

青春期是孩子由兒童成長變成成人的過渡階段。孩子由依賴父母親變成獨立自主的成人。這種心理上的變化不僅衝擊孩子本身，同時也造成父母親在管教上的困難。雖然教養孩子的基本態度是不變的，但是教養的方法卻要隨著孩子的成長而逐漸調整。對待國小以下的孩子的方式當然與對待青春期以上的孩子是要有所不同。

我希望透過本篇的一些文章，探討父母親在面對孩子進入青少年期時，應有的心理準備，以免屆時茫然不知所措，或採用不當的管教方式，增加孩子在青少年期成長的困難。

我家子女初長成——父母親如何面對青少年孩子生理的成熟？

記得我唸初中一年級時，有一天早上我在院子裡大聲唸書，隔壁的王媽媽正好出來澆花，我有好一陣子沒有看到她了，於是很自然的隔著籬笆跟她打招呼：「王媽媽早！」王媽媽轉過頭用很奇怪的眼神看著我說：「阿波，好一陣子沒看到你了，怎麼你的聲音變得這麼粗，這麼難聽？」王媽媽說我聲音難聽，讓我難過了好幾天。青春期的孩子在生理上的成熟與變化是自然的現象，可是在生活中卻可能造成他們的一些困擾，需要父母親及大人們的了解與關心。

何謂青少年？

青少年期是介於兒童期與成人期之間的過渡時期。青少年（adolescence）意指

to grow up 或 to grow to maturity。從生理的觀點來看，一位兒童在生理上開始產生改變就是青少年期的開始。一般而言，最明顯的特徵就是女生的初潮與男生的射精現象。女生大約從十歲半到十四歲間開始初潮，男生約從十二歲半到十六歲間開始會有射精現象。

青少年期結束的年齡視生理成熟度而定，一般約在十七歲到十八歲之間，也有遲至二十一、二歲的。所以，青少年期的開始與結束並沒有一定的時間點，這當中存在有個別差異，不能一概而論。做父母的不必太過敏感，也不必太過焦慮，孩子只要有均衡的營養，他們都會逐漸成熟的。大體而言，由兒童進入青少年到成熟的成人，前後約需十年的時間。

青少年的情緒特徵

青少年時期在大約十年的時間內身心成熟變化劇烈，由依賴成人的養育、保護，變成接受教導朝向自我依賴、自我決定之獨立時期。因此，可以想見的是青少年期是一個人在一生中較不穩定、發展快速、變化巨大的一個階段。有人描述這個階段是「人生危險期」、「暴風雨期」、「不安時期」、「反抗時期」、「個性形成時期」、「綜合時期」等。

對父母親而言，這些聳動的形容詞似乎傳遞著一個訊息，就是青少年期的孩子是個相當棘手的燙手山芋。然而，這中間仍然存在著個別差異，有的父母親覺得孩子在度過青春期時並沒有什麼特別，有的父母親則深深以爲那是個可怕的夢魘。其實，在我看來，只要父母親了解孩子在青春期會有的生理上及心理上的變化，調整對孩子的期待，採取適當的因應措施，應該可以幫助孩子比較順利的度過這段時期，也可以避免親子之間的緊張關係。

青少年的生理特徵

首先，我想從青少年的生理發展特徵來談。青少年在身體大小、形狀、比例、機能等都逐漸由兒童變爲成人的成熟。他在外形上有明顯的變化，包括身高、體重、骨骼、肌肉、牙齒、額頭、鼻子、嘴及面部輪廓等的變化。這些變化多多少少都會帶給青少年孩子些許的困擾，做父母的應該要能了解與體諒。

在中學的班級裡，我們很容易發現班上同學前排與後排的差距很大。有的孩子長得快，身高太高，身體太胖，有時會使他們覺得與眾不同，而感覺不安。反之，有的孩子成長得慢，身高太矮，身體太瘦小，同樣會使他們覺得羞愧。面對孩子的這種感覺，有時候父母親會用一般的安慰話說：「別人不會笑你的！別胡思亂想了。」這類的話是不可能消除孩子心裡那種感覺的。青少年期的孩子對自己的外觀是相當敏感而在意的，父母親要能站在孩子的立場去體會。

曾經有個孩子因為同學嘲笑他長得像個「原始人」，憤而與那位同學打了一架。也有女生被男生戲稱「歐羅肥」（一種養豬的飼料）而痛哭。我也曾碰到一位多才多藝的中學女生對自己的皮膚太黑非常憎恨，每當想到自己的皮膚時，就忘了她有很多其他的優點長處，只一味地責怪她的母親懷孕時喝那麼多醬油，害她的皮膚變得那麼黑。也有一次我與一位中學男生面談，談不到十分鐘，他低著頭怯懦地問我說：「老師，你會不會笑我的鼻子太大？我好怕別人取笑我的鼻子。」在接納他對自己鼻子的不滿與敏感後，我引導他去想電影明星「成龍」也有個大鼻子，可是那卻成為他的一個特徵。

因此，一方面我們不應該以孩子的外觀去取笑青少年孩子，另一方面，如果孩子相當介意自己的外觀，討厭自己的長相時，與其安慰他「別人不會笑你」，還不如先在他的立場體會他的心情與感覺，對他說：「似乎你不太喜歡你的外表。」「你最不喜歡的是哪個部位？你對它有什麼感覺？」在接納了他的感覺後，再探討他的期望是什麼？逐漸引導他對不喜歡的部分與其討厭，不如找出其他的優點來肯定自己。

青少年的行爲特徵

青少年期的孩子在循環系統、呼吸系統、消化系統及神經系統等方面也逐漸成熟。在循環系統方面，他們的心臟、血管、血壓、心跳均會大幅增加。呼吸系統的肺臟逐漸成長，肺活量增大。呼吸與循環系統的成熟使青少年具備了可作劇烈運動的生理條件。因此，我們很容易發現青少年他們精力旺盛、好動、坐不住、喜歡運動。有的父母親希望孩子能夠文靜一點，可是對孩子而言那可是相當難過的事情，因而常常被罵：「你怎麼一分鐘都坐不住？」那實在不是孩子不聽父母親的要求，而是他的生理條件是爲他的「動」做了最好的準備，而不是爲他的「靜」做準備的。

爲了應付大量的運動，青少年的消化系統也迅速地成熟，他們的胃、腸都會增大，因此食慾大振，營養吸收良好，以便供應大量運動的生理所需。有的父母親會覺得青少年的孩子吃得很多，心中產生困惑：「他怎麼變得這麼會吃?!」

神經系統是青少年期的孩子發展成熟較慢的一個系統。因此，青少年期的孩子們可以做劇烈的運動，比較難做細膩的動作。有時會給人「粗手粗腳」與「笨手笨腳」的感覺。比如說，他們開門與關門有時會弄出很大的聲音，開抽屜會把抽屜整個給拉出來，裡面的東西掉了滿地。叫他們幫忙洗碗，不時會把碗盤或杯子打破。曾經有位母親向我抱怨她唸中學的女兒多麼笨，連抱妹妹都會不小心把妹妹掉到地上。其實，青少年的粗手粗腳與笨手笨腳並不是他們故意要如此，而是他們的生理狀態使然，我們不能責備他們，因爲他們是無辜的。與其責罵他們，使他們更加失去信心，更加厭惡自己，倒不如用了解與體諒的心，接納他們的「笨拙」，以善意的事前提醒來逐漸增加他們的「細膩」。

青少年期的孩子面對很大的生理變化，他們需要時間調整與適應，同樣的，做父母親的也要有耐心與愛心伴隨著孩子成長。

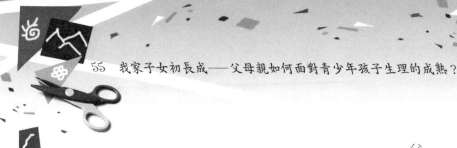

我家子女初長成——父母親如何面對青少年孩子心理的變化？

青少年階段的孩子身心變化很大，父母親必須了解他們，才會有耐心和智慧來教好他們。青少年階段的孩子在身體生理上的成熟變化劇烈，會帶給他們適應上的衝擊，同時造成父母親管教上的些許困擾。青少年孩子在心理上也會產生很大的變化，也同樣會對父母親在教養上造成困惑，然而這是孩子走向成熟的必經過程。這些心理上的變化，一般而言具有如下的特性：

對流行的事物感到興趣

喜歡嘗試新點子，崇尚時髦，追求流行，好奇心強，愛熱鬧，喜歡冒險。在他們的語言、服裝、舞蹈、音樂及髮型等方面都可能會反映出這種追求新潮的現象。

有時在父母親看來，覺得他們好好的衣服不穿，卻穿得奇裝異服，怪里怪氣的。甚至有染髮成金黃色或其他顏色、穿耳洞、刺青等，在父母親看來很不能接受。

需要同齡友伴

喜歡與同儕在一起，受同輩團體影響大，甚至超過父母親。朋友對青少年孩子而言是很重要的，有的父母會抱怨他們的孩子只要朋友吹一聲口哨，就坐立不安，想要出去，即使父母嚴加禁止，他們也會想盡辦法偷溜出去。好像青春期的孩子需要朋友更甚於需要父母親。

我們要知道，青少年對朋友需求的增加，並不表示不需要父母親。事實上，在青少年面對重大的決定時，他們絕對需要父母親的意見與指導。因此，父母親千萬不要拿自己和孩子的朋友來比「誰比較重要」。青少年需要朋友，同時也需要父母親，只是朋友和父母親能滿足他們內心需求的性質不同而已，是無法做比較的。青少年孩子需要朋友是一種「擴增」的現象，而不是「取代」父母親的重要性。

有時候青少年的孩子寧願和他的朋友一起去看電影，也不願意跟父母親去。這是很正常的現象，父母親不必難過悲哀，以為孩子不要他們了，而自怨自艾或責備孩子沒有孝心。這些過度的反應不但對孩子沒有幫助，也徒然增加孩子無謂的壓力。

渴望獨立自主

青少年還沒有獨立、自主和自制的能力，卻想掙脫對父母的依賴和約束。青少年渴望獨立自主，希望能夠「只要是我喜歡，有什麼不可以」，他們想嘗試做大人的滋味，也想打工賺錢，以增加用錢的自由度，不再希望父母親把他們當作是小孩子看待。他們開始要求有自己的隱私權，父母親的事事監督令他們覺得反感，因為他們認為自己已經不再是小孩子了。因此回家時間、跟什麼樣的朋友交往、穿著、髮型等都不希望父母親像以前那樣叮嚀與過問。

一位媽媽有一天因為天氣突然下雨，深怕她的孩子淋雨回家，特別送雨傘到學校給孩子。結果孩子不但沒有感謝的表現，反而很生氣。因為他覺得其他同學的媽媽都沒有送雨傘到學校去，而他媽媽到學校去送雨傘，使他在同學面前好像還是個沒有長大的小孩一樣，令他覺得很沒面子。這位媽媽覺得很傷心，因爲她不了解孩子內心的想法與感受，只是從父母親自己的角度來解釋孩子的反應。

反抗權威，自主性高，和父母親漸漸疏遠

青少年孩子在成長的過程中追求獨立自主，渴望脫離被宰制的狀態。最直接會發生衝突的就是父母親的管教了。父母親代表的是權威，來自父母親的要求、約束、責備甚至關懷與叮嚀都成了青少年急欲擺脫的束縛，因此反抗權威首當其衝的就是父母親。如果父母親沒有心理準備，直覺地認爲孩子變壞了，與孩子發生更嚴重的衝突，結果必然導致親子關係的破裂與疏遠，甚至變得冷漠。

情緒不穩

青少年期的孩子情緒不穩，不耐煩、浮躁、衝動，情緒經常是晴時多雲偶陣雨。父母親的督促嘮叨讓他厭煩，彼此間的關係經常呈現緊張狀態。青少年孩子的情緒很敏感，就如同「少年維特的煩惱」，情緒的起伏很大，不時有「寂寞的十七

歲」的低潮，不時又變成「烈火青春」，常搞得父母親一個頭三個大，不知如何對待才好。青少年不喜歡大人的嘮叨，一而再再而三的叮嚀、勸告或提醒，都會引起孩子的反感，因為他們不耐煩。因此父母親要學習如何簡明扼要地與孩子溝通，避免不必要的嘮叨。

開始對異性發生興趣

青少年開始會對異性發生興趣，有部分孩子開始與異性交往，甚至單獨約會。這往往會引起父母親的緊張與擔心。尤其是「吾家有女初長成」的父母親，更是擔心女兒結交男朋友，深怕小孩子不懂事，搞出未婚懷孕的問題，處理起來可就棘手了。

在這方面做父母親的可以適時地與孩子溝通結交異性朋友的問題，建立孩子尊重異性的態度，了解孩子在這方面的想法，同時適時傳遞父母親對孩子交異性朋友的態度與原則，並教導孩子保護自己的方法，儘可能的做好事先預防的工作。

眼高手低

青少年經常是眼高手低，能高談闊論，卻不容易踏實執行。青少年有理想、有抱負，對未來有憧憬、有幻想。這些想法常常不能落實在實際生活中，也因此經常被父母親批評為成天做白日夢。父母親要了解青少年有這種現象是很正常的，與其批評他們不切實際，不如先耐心的去了解他們的想法，進而幫助他們由理想逐步落實到現實生活裡可以實現的部分。父母親也要學習以積極的協助取代嘲諷的批評。

自尊心強

青少年的自尊心很強，承受挫折的忍受力卻比較低。他們需要別人大量的尊重與接納，卻很難承擔別人的批評與責備。一旦遇到挫折很容易沮喪、放棄或退縮。父母親要能先尊重青少年孩子，試著把他們當作是大人來看待，另一方面又要注意逐漸培養孩子的挫折忍受力。要孩子學會「敗不餒」可是父母親要用心經營的一段路程。

尋求自我意象

青少年會尋求自我意象，形成對自己的看法，找出自己的獨特性，他要與眾不同，要得到別人的肯定。因此，他會很重視外表，每天花不少時間在梳理頭髮，選擇穿著等。青春痘帶給他們的困擾常常超過大人的預期，對他們而言「只要青春不要痘」、「戰痘」可是十分重要的事情。他們也會透過「英雄崇拜」來形成自我追尋的方向，找一位他心目中的「英雄偶像」來模仿，希望自己將來像他一樣，因此會收集「英雄偶像」的照片，模仿「英雄偶像」的穿著打扮與行爲。父母親要注意避免批評孩子心目中的「英雄偶像」，因爲那常會引起孩子強烈的反抗。在青少年期的孩子也會開始探討人生觀與價值觀，從這方面的探討逐漸找尋生命的意義及存在的價值。

父母親千萬別以爲只有你們的孩子有如此的現象，其實每一個孩子都可能出現類似的狀況，要視個別差異而定。但是父母親不要以爲他們變壞了，而加以苛責、批評和辱罵。我們要了解，他們正要學習長大成人，要拋開依賴，力圖發展自己。

他們對大部分的事情帶著否定的態度，不順從父母親的意見，不接受父母親的好意規勸。這時我們不要太介意，應該平心靜氣來教導他們，一段時間之後，他們就能度過這叛逆的時期，那時他們就會成爲成熟的大人。

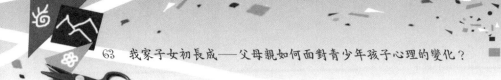

管教青少年孩子的要領

青少年在生理成熟與心理成熟的發展過程中，面臨急劇的變化，需要時間與努力去調整，以發展爲成熟的成人。在這個階段也常是父母親在管教上最覺得困難的時候。下面我提出一些建議，讓父母親在管教青少年子女時可以參考：

管教子女應以愛爲基礎，以促進子女身心發展爲目標

青少年時期，孩子因爲身心的變化很大，連他自己也都需要重新認識自我，有時候甚至他都搞不懂自己爲什麼會有那些行爲或想法。父母親若能體會孩子正在度過一個很不穩定的階段，就應該扮演一個穩定的力量，讓孩子知道父母親是可以依靠的，縱使他們變化如何劇烈，情緒如何翻騰，他們都知道父母親永遠穩如泰山，

對父母親有信心。如果父母親能夠提供子女一個穩定的支持力量，將有助於子女較平穩地完成青少年期的身心發展任務。這需要父母親隨時提醒自己：「我們愛孩子的心恆久不變，不會因爲他目前的行爲而減少。因爲有時候他們自己所做的，連他們自己都不知道。」

青少年期子女身心發展需要父母親愛的呵護才能成長得順利、健全。尤其父母親要有耐心，以愛包容，讓子女在成長過程中逐漸走向身心成熟的成人。

生活規範要求應簡單明確、合情合理

在青少年期很容易與父母親起衝突的一件事情就是生活規範的要求。比如父母親要求孩子回家時間不能太晚，但青少年孩子有時候會有晚歸的情形。父母親要求多次以後，情況並沒有改善，有的父母親漸漸失去了耐性，對孩子老是不聽話而生氣，甚至可能在衝突中講出：「你把家當旅館啊?!你既然那麼喜歡往外跑，乾脆你就不要回來好了！」搞得親子關係非常緊張，甚至瀕臨決裂。

青少年孩子很不喜歡別人煩他，所以生活規範要儘量簡單明確。比如「晚上十點以前必須回家。」「外出必須告訴父母去哪裡、跟誰一起、何時回來。」要求孩子的事情要合情合理，最好能與孩子溝通討論，協商出合理的回家時間，讓他心甘情願的接受父母的要求事項。這樣執行起來，他也比較甘願，不會產生抗拒或反感。

一旦生活規範訂定後，就要認眞執行，不可有例外；但也不要經常嘮叨、說教，因爲那樣不但不會有教育效果，反而容易使孩子產生反感。

指正孩子錯誤要溫柔而堅定，並討論出正確的做法

如果孩子偶爾沒有做到生活規範的要求，父母親要學會以「溫柔而堅定」的態度來處理。態度要和善，要求要堅定。絕不能因自己心情很好就視而不見，不作處理，也不能因自己心情不好就斥責怒罵，嚴加管教。憤怒地責備孩子，只會增加孩子的挫折感，雖然發洩了父母親的情緒，卻對孩子的教導於事無補，並不能讓孩子有正向的學習。因此，父母親應儘量保持彈性，多聽聽孩子違反規範的原因或困難所在。重點不在是否要原諒孩子的違反規範行爲，而應把重點放在與孩子討論合理

的生活規範要求，以及面對特殊狀況時的因應之道。討論出具體的結論後再要求孩子持續遵守，這樣才能眞正幫助孩子遵守生活規範，又能處理以後可能面對的意外情況。

處理孩子的問題要對事不對人，避免個人情緒影響

父母親在處理孩子問題時，務必要保持情緒的穩定。個人的喜怒哀樂都要避免介入孩子的管教，否則孩子會誤以爲是父母親的情緒不好才管教他的，如此就模糊了管教的焦點，也失去了管教的意義。父母親情緒化的管教，孩子比較不會自我反省哪些地方應該改進，他們心中很可能只會想著：「爸媽情緒不好，對我又不滿意，等一下他們發洩完脾氣就好了。」因此，他們不會認爲是他們有錯誤，也不會想要改正不當的行爲。

在處理孩子的問題時，應該對事不對人。不要因爲這個孩子的其他方面表現不錯而忽略這次的不當行爲，也不要因爲孩子其他方面表現欠佳而順便一起責備。不要因爲孩子過去表現良好而原諒他這次的不當行爲，也不要因爲孩子過去的表現不

佳而加重處罰。父母親應儘可能就事論事，針對目前孩子的問題行爲作了解與處理。

管教孩子時，要讓孩子有申訴的機會

父母親在管教孩子時，切勿自以爲是，或以自己的立場作過度推論，應該讓孩子有機會充分的說明原委。當孩子說明原委時，父母親要有耐心傾聽，聽得仔細，聽得正確，聽得完整。千萬要避免斷章取義、過度推論、中途插話或故意曲解。父母親讓孩子有機會充分的說明，並且耐心正確的了解孩子的情況，會讓孩子覺得被了解，也比較容易接受父母親的管教，比較不會有被冤枉的感覺，也比較不會反抗父母親。父母親採用這種處理方式可以幫助青少年子女比較能理性、平靜、坦然地面對自己犯錯的行爲，並加以改進。

青少年孩子犯錯時，不宜當眾指責或羞辱

青少年期的孩子自尊心很強，非常在意別人對他的看法，有些孩子的情緒尤其

敏感而脆弱。父母親在給予教導時都要很小心，否則非但沒有效果，甚且可能導致孩子強烈的反抗與排拒。

當青少年孩子犯錯時，父母親必須先認清一個狀況：我們認爲孩子「犯錯」，那是在我們的評量標準下的看法，至於孩子是否同樣認爲他眞的「犯錯」，那可不一定。因此，父母親在發現孩子犯錯時，一定要先按捺住自己的情緒，先花一段時間與孩子溝通，讓孩子了解他確實「犯了錯」。如果孩子不承認他有錯時，父母親要很有耐心的先聽孩子的想法，然後再予以開導，讓孩子接受他的確有不當之處。在孩子承認有錯之後，再提出改進的建議，孩子比較容易接受，對孩子才有教育的意義與成效。

然而，青少年期的孩子正在發展他的理性思考與價值判斷能力，因此做父母親的有時會發現孩子明明「犯了錯」還狡賴、強辯，不由得怒從心中起，痛斥孩子一頓。可是孩子卻頗不以爲然，他們仍然堅持他們自己是無辜的，反而認爲父母親的反應不可理喻，這無異更加重父母親的憤怒，採取更嚴厲的方式斥責孩子。在孩子沒有接受自己「犯錯」的前提下，父母親的怒斥，極可能使孩子覺得委屈與挫折，因而也採取憤怒的反擊。最後雙方都在氣憤中彼此傷害，鬧得不歡而散，問題也沒有解決。這種現象會一再重演，形成父母與孩子間無法解決也無法避免的惡夢。

父母尤其要注意不宜當眾指正、責備或羞辱孩子。否則他的自尊心受到傷害，面子掃地，很可能產生「既然你們認為我壞，我就壞給你們看」的想法，這種自暴自棄的念頭並不是孩子天生就有的，而是因為父母或師長在孩子犯錯時不夠審慎的處理所引發的。

責備孩子時，避免連他的朋友也罵進去

青少年期的孩子非常需要同年齡的友伴，有時讓父母親覺得孩子對朋友的重視程度甚至大過父母親。如果父母親不能了解這個情形是孩子成長發展的正常現象，或者雖然了解卻不能接受，結果可能形成不平衡的心態。有時父母親會心想：「我們從小辛辛苦苦的養育孩子十幾年，現在他長大了，只要朋友，不要我們了。」一旦這個念頭經常出現，父母親對孩子的朋友就比較難以接納，而常用批判的眼光去看待他們。

青少年的孩子在選擇朋友時，有他們自己的標準，這個標準有時候不見得會與父母親的期望相一致。這也容易造成父母親希望孩子交往的對象，孩子沒興趣；孩子喜歡交往的朋友卻讓父母親擔心。

在前面的兩種情況下，一旦孩子出了錯，引起父母親的責備時，很多父母親罵孩子罵到忘我境界時，常常會不自覺的除了責備孩子的錯誤外，順便把孩子的朋友一起罵個幾句。然而，這樣的責備，聽在孩子的耳朵裡，他們內心會想：「我做錯事，你們罵我也就罷了，為什麼把我的朋友也一起罵進去？他們也沒有怎樣啊！你們這樣亂罵是不公平的。」這個念頭一旦出現，孩子會把焦點從「我做錯事該受責備」（自我責備）轉移到「父母親不該罵我的朋友」（責備父母）上，使父母親的管教效果大打折扣。

賞罰要分明，但不必太計較小節

父母親對青少年孩子一定要言而有信，賞罰分明。賞的方法有很多種，並不一定都是金錢或物質的獎勵。罰也不一定就非要用打罵的方式不可。

如果父母親交付孩子去院子除草的任務。我們只要清楚提出在什麼時間內完成、除草到什麼標準，以及最後工具要收拾好等要求，至於孩子是從東往西整理或由西往東整理，如果不是那麼重要的話，我們就不必太去計較，讓孩子自己決定他要如何去完成所交付的任務。

有的孩子在唸書的時候喜歡聽熱門音樂，父母親覺得很吵，認爲一定會影響唸書的效果，於是要求孩子唸書時不准聽音樂。其實，只要孩子用功，唸書有效果就好了，至於聽不聽音樂，或聽哪一種音樂，父母親可以讓孩子自己決定，不必事事都管。

孩子的房間應該讓孩子自己整理、佈置。父母親只要規定房間保持整齊清潔，訂定整齊清潔的標準，以及何時檢查等事項，然後照著執行即可。至於孩子要如何佈置他的房間、牆壁上要貼什麼樣的海報、桌上要放什麼樣的裝飾品或床上要放什麼樣的玩偶等，父母親可以儘可能的尊重孩子自己的決定。

青少年的孩子很怕煩、怕囉唆，父母親對他們的要求標準應力求簡明扼要。一旦要求的標準與賞罰的方式確定後，父母親一定要確實執行。孩子做到了，就要給予獎賞；沒有做到，就要接受懲罰或其他後果。父母親不能偷懶，也不能打馬虎眼。

在管教孩子時發生衝突，應立即叫停，另找時間溝通

父母親與子女因爲觀點不同，又無法突破溝通的困境，在實施管教時，很可能會發生衝突。一旦父母與子女發生此種衝突狀況時，最好立刻停止爭吵，雙方都暫時離開當時的情境，讓自己靜一下，等雙方都冷靜下來之後，再另找時間溝通。因爲當雙方都在氣頭上時，很難就事論事、冷靜思考問題出在哪裡，以及解決的辦法。極可能雙方都在宣洩憤怒的情緒，逞一時之快，彼此傷害，縱使父母親最後用權威高壓的方式使孩子含怒隱忍而屈服，可是父母親心裡也明白，那是一點教育效果都沒有的。與其如此，還不如暫時停止衝突，待以後伺機溝通，如此才能達到教導孩子的效果。

管教青少年孩子十忌

有些父母親曾問我哪些管教孩子的做法是不合適的，應該避免觸犯，希望我能列舉出來作為教養孩子時的提醒。我綜合教養青少年的原則，加以整理，提出管教孩子的「十忌」。如果您把它們當作「十戒」（我不敢說是「十誡」），在面對青少年孩子時，儘量避免，應當會有助益的。

避免反覆無常

父母親應避免隨心情變化而任意改變管教原則。例如：父母親心情不好，見到孩子沒做功課而在看電視，就罵孩子「不知用功，成天只會看電視」。父母親心情好時，則孩子看電視就沒事。有時夫妻吵架，雙方都在氣頭上，更容易把怒氣出在孩子的身上。這種「遷怒」的現象更是不可取。教養青少年要注意「用原則來管教」，當孩子學會父母親的教養原則時，他們清楚知道要如何依循規則去做。可是如果父母親經常反覆無常的話，他們就不知道究竟要如何做才能符合父母親的心意了。

避免嚴厲的處罰，尤其是體罰

孔子曾說過「人非聖賢，孰能無過」，孩子偶爾犯錯在所難免。當孩子犯錯時，要避免採用過於嚴厲的處罰，尤其要避免在氣頭上實施處罰。處罰的目的是要修正孩子不適當的行為，其出發點應該是「愛」。過於嚴厲的處罰或在生氣的情況下實施處罰，常會讓孩子覺得父母親這樣對待他是出於「恨」，而不是「愛」。對青少年的孩子尤其要避免體罰，因為一則容易傷孩子的自尊心，二則容易形成「虐待」的犯法行為。

避免羞辱及大聲責罵

青少年的孩子自尊心特強，父母親在管教上要避免辱罵、冷嘲熱諷、恥笑等方式，同時要避免大聲斥責。通常父母親在維護孩子自尊心的前提下耐心的對孩子指出缺失及改進的建議時，孩子比較會自我反省。有時孩子的反抗是因爲父母親傷了他的自尊心，爲了維護自尊而採取反抗的行爲或態度。

避免父母管教不一致

一位父親正在指責孩子沒有幫忙整理院子時，母親想到父親自己也很少幫忙做家事，累積了許久的不滿終於有了發洩的機會，脫口而出：「你自己還不是都不幫忙家事，還好意思教訓孩子！」這種管教不一致的情形很不恰當，應該避免。父母親應該加強彼此間的溝通，尤其在管教孩子方面一定要培養默契，只要一方在管教孩子時，另一方一定要予以支持。縱使不太同意，也要等事後私下協商討論，取得共識。千萬不可當著孩子的面就彼此爭執起來。

避免只有責罰，沒有獎勵

人都是需要鼓勵、讚美的。很多父母親都容易忽略孩子做得不錯的事情，父母親常常會認爲哪些都是孩子該做的，有什麼好「稱讚」的？然而對孩子眞誠而適當的讚美永遠不嫌多。如果孩子從父母親那兒得到的只有責備，而沒有讚美，久而久之孩子會逐漸與父母疏遠，他們心裡會想：「反正一見面就會被罵，乾脆離他們遠一點比較安全。」更糟糕的是長久生活在責備的環境中的孩子很可能會形成「我是不好的」自我概念，而變得自卑、退縮、缺乏自信，人際關係也容易出問題。

避免偏心

父母親要儘可能公平的對待孩子們，避免偏心。孩子們對父母親的偏心是非常敏感的。父母親的偏心很容易造成兄弟姊妹間的緊張關係，破壞手足情誼。父母親應該努力一視同仁地關心孩子們，避免以他們的行爲作爲我們關心多寡的依據。要做到不偏心很不容易，卻是父母親必須努力去學習的事。

避免翻舊帳或算總帳

管教孩子要即時。發現孩子有不適當的行爲時，應該立刻處理，千萬不要不動聲色地給他記帳，等罪狀夠多時，才來一次總算帳。這種「一清專案」式的處理方式很不恰當。因爲，一則不適當的行爲沒有立即處理，很可能已經成爲習慣；二則有時孩子已經不記得以前的不適當行爲了，甚至引起爭辯。

翻舊帳更不適當。父母親應該就事論事，針對現在孩子的不適當行爲來處理，而不是把孩子以前的不是從頭數落一遍。那會模糊焦點，使管教效果大打折扣，更可能引起孩子的厭煩。

避免嘮叨、說教

只要簡明說出父母親的要求標準，不必囉唆。如果孩子不明瞭，父母親可以簡單解釋，不要長篇大論地說教。對青少年孩子的管教要把握「簡明扼要、清楚明確」的原則。

避免幸災樂禍、落井下石

當孩子不聽父母親的勸告，一意孤行，終於嚐到了痛苦的後果時，父母親要避免幸災樂禍。有時父母親看到孩子不聽勸告自食惡果，又是心疼，又是氣惱，難免會怒火中燒，好好教訓孩子：「不聽老人言，吃虧在眼前。」有時還再加上一句：「活該！」這種反應我們能夠體會，卻不敢苟同。孩子自食惡果時，已經能體會自己的判斷可能有錯誤，父母親當初的勸告是有道理的。此時，父母親可以從旁幫助孩子面對處理目前的困境，使他能找到比較好的解決辦法，設法度過難關，使他的損失減到最少。此時父母親固然不宜出面幫孩子完全解決困難，因爲那樣孩子學不到「教訓」，但是父母親也不宜幸災樂禍，袖手旁觀，甚至奚落孩子一番，因爲那樣孩子感受不到父母親的「愛與關懷」。因此，適時伸出援手，作適當的協助（不多也不少），是比較好的處理方法。

避免以偏概全

父母親要避免只以孩子的某些表現良好，就推論孩子樣樣都好，給予孩子過高的期望，造成孩子心理壓力。孩子爲了贏得父母親的歡心，有時內心苦不堪言，有時則不擇手段維持他在父母親心目中的良好形象，結果造成孩子在父母親面前是一個樣子，背地裡又是另一副面目。

父母親也要避免只以孩子的某些表現不理想，就推論孩子其他方面都不好。結果孩子只要一次犯錯，就注定永無翻身機會。即使他努力在其他方面改進，父母親仍認爲他不好，結果他只有全然放棄一途。

因此，父母親要學會針對孩子的行爲，就事論事，不牽扯他的人格、尊嚴、價值等道德主題，才能避免不當的批評，也較能讓孩子心服口服，願意自我檢討改進。

叛逆小子父母當自強

小朱自從上了高中以後，常吵著要父母親給他買機車。小朱認爲搭校車或騎腳踏車上下學很不方便，騎機車活動範圍比較大，也比較自由，而且許多同學也都是騎機車上學的。父母親則認爲小朱即使已經考到了駕駛執照，還是擔心小朱可能會飆車或喝酒騎車太危險，因此一直不答應。即使小朱說他一定不會飆車，也不會喝酒騎車，父母仍然拒絕給他買機車。但是父母內心相當擔心小朱可能會暗地裡偷騎同學的機車，恐怕更容易發生危險，內心十分矛盾。小朱則因爲吵了幾次不得結果，索性對父母親採取不理不睬的「冷戰」態度，讓父母親很生氣又著急，眞不知如何是好。

小文上了中學以後，電話開始多了起來，有時一講就是一兩個小時，家裡其他人都不能用電話。父母親責備了幾次，小文還沒好氣的說父母親「小氣」，為什麼不給她裝一條專線電話。而且小文還經常往外跑，父母親說多了還會頂嘴，嫌父母親嘮叨。

上面兩個例子是父母親與青少年子女衝突事件中常見的情況，卻讓有些父母親處理起來備覺困擾。青少年有時看起來像大人，有時又像小孩。他們其實是同時兼具兒童與成人的雙重性格。青少年正是從直接、任性、不成熟與衝動的兒童轉變為理性、成熟、穩重的成人的過渡階段。父母親覺得青少年期孩子難以管教，造成親子關係惡化的現象，主要有兩個原因：一個是來自青少年的因素，另一個是來自父母的因素。

從青少年的因素來看，青春期的孩子一則在心理需求上會要求獨立自主，常會反抗父母干涉太多。二則在情緒變化起伏劇烈，時常有晴時多雲偶陣雨的衝動行為。三則在感情方面對異性好奇，想交異性朋友，但父母及學校多以學業為重加以反對，引起青少年的反抗。四則青少年要面對各種壓力，諸如：學業壓力、父母親的期待之壓力、同儕壓力、與父母親價值觀不同而產生的衝突的壓力、欠缺異性交往技巧的壓力等。上面這些因素都可能導致親子關係的惡化。

從父母親的因素來看，青少年精力充沛，生理與心理的需求大增，活動力十足，可是父母親則多已進入中年，體力下降，凡事求平穩保守。與青少年相比較，在生活態度與價值觀等方面差異很大。

我個人從事輔導工作近二十年的體驗，深覺父母親在管教青少年子女時應該避免下列三種態度。第一，以高壓手段對抗青少年的反抗。因爲這種敵意的態度只會加深親子間的裂痕，並不能改善青少年的行爲與態度。第二，冷漠、忽視的態度。有些父母親在管教方法技窮的時候，會出現這種態度，撤除對子女的關懷照顧與愛。第三，放縱溺愛。父母親一切以滿足孩子的需求爲原則，處處護著孩子，造成孩子爲所欲爲，心中一直認爲「只要是我喜歡，有什麼不可以」。

面對變化多端的青少年子女，做父母的應該怎麼做才合適呢？我提出下列五個方向做參考：

父母親要先自我心理建設

父母親的角色、地位、尊嚴等要自我肯定。其實青少年雖然變化快速，他們仍然需要一股穩定的力量來支持他們。父母親就是這股穩定力量的來源。雖然他們有時候會反抗父母，但他們內心對父母親仍然是相當尊重的，在面對困擾時也非常需要父母親的指導。這點父母親一定要能自我肯定。我常比喻父母親要像一座穩穩的山一樣，青少年就像山上的猴子。猴子可以在山上蹦蹦跳跳，山卻不能隨著猴子跳也跟著跳，否則豈不成了火山？因此父母親要像山一樣的沈穩，用「以不變應萬變」的態度來面對青少年的變化多端。

父母親要了解青少年反抗的因素及反抗行為本身的意義

有時青少年的反抗只是在追尋自我，或是情緒一時的無法控制，事後仍然會接受父母親所講的道理。父母親如能以了解、關懷、體諒的言語，去了解青少年子女反抗的背後因素，有時是會讓孩子深深感動的。

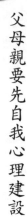

父母親要有足夠的安全感，以鼓勵、支持青少年獨立、自主、冒險

讓青少年有機會自我嘗試，不要事事都爲青少年孩子安排妥當，剝奪他們成長、試探的機會。終究成長是要付出代價與努力的。但在這個過程中，要注意孩子的安全與嚴重傷害，例如：賭博、酗酒、吸毒、參加幫派等行爲應該嚴格禁止。

父母親要了解青少年情緒不穩的現象，並予以接納

青少年敏感、脆弱、自尊心強、容易受挫折，父母親只要能在子女立場了解他們的心情，表達了解與關懷就夠了，並不一定要給予勸告或同情。青少年有時候會心情苦悶，那是需要他們自己努力度過的，父母親要有耐心，給他們一點時間。

用「原則」管教青少年

父母親要逐漸放棄凡事都要管的管教方式，允許青少年有適度的自我發揮空間，否則他們會有窒息的感覺。因此用「原則」來管教最爲適當。例如：交朋友的

原則、用錢的原則、買機車的原則、使用電話的原則、休閒生活安排的原則等。採用「就事論事」的態度，配合「溫柔而堅定」的表達，勢必可以讓青少年子女學習到父母親的規則，也能滿足獨立自主的需求，促進和諧的親子關係。

實務篇

在父母親與孩子的互動中，每天都會有不同的狀況發生。許多事情在父母親眼中認為是「小事」，可是對孩子而言卻是「大事」。因為，如果父母親處理不當，孩子會得到錯誤的學習，形成不適當的行為。久而久之逐漸累積、惡化，直到父母親警覺到孩子問題行為嚴重時，想要改變就顯得困難許多。因此，父母親教養孩子一定要記住「慎之於始」！

在實務篇裡我提出二十多篇文章，根據具體的親子問題，分為「導言」、「情境」、「解析」與「教養訣竅」四部分來闡述。針對父母親在教養孩子時常見的問題情境加以解析，並提出解決的方法，建議父母親實用的參考做法。期望父母親在閱讀時能觸類旁通，舉一反三。因為孩子與家庭的狀況各有不同，所舉的例子很難全面兼顧，父母親如能從中領悟處理的原則，當可做適當的轉換，以運用在自己的孩子身上。運用之妙，存乎一心！

父母親的自我省思——教養子女的理想是什麼？

導言

從事青少年輔導工作多年以來，接觸過許多家庭的問題，我深深覺得一個青少年出現問題行爲的背後總有許多影響因素。這些影響因素與這個家庭的成員尤其是父母親關係密切，而且由來已久，所謂「冰凍三尺非一日之寒」。每當深入了解這樣的家庭之後，總有許多無奈的感觸。當孩子出現問題行爲時，多數父母親總是認爲是孩子出問題，並不是他們造成的，所以要由專家來輔導他們的孩子。可是，事實上一個孩子出問題絕對與父母親有關，尤其是與父母親長期以來的管教方式有關。父母親的管教方式與他們教養子女的理想有關。中國的父母親多數有「望子成龍，望女成鳳」的想法，甚至有「孩子，我要你比我更強」的念頭。這些想法並沒有好或不好的問題，只是這些想法會影響我們對子女的管教態度與方法。有些父母親太過執著於這些想法的話，對孩子會造成過大的心理壓力，反而會阻礙孩子的發展，甚至會引起孩子的反抗。究竟在教養子女的問題上，我們要秉持什麼樣的想法才好呢？

情境

有一位五十多歲的父親，只有一個獨生子。他爲了給這個寶貝兒子最好的照顧，從小就爲他安排好一切。幼稚園選讀蒙特梭利的幼稚園；小學不給他唸國民小學，要選私立小學。這位父親認爲私立小學對學生課業上的要求比較嚴格，雖然學費昂貴，他也在所不惜。國民中學在這位父親的心目中，總覺得比較亂，當然也不讓孩子唸，而選擇私立的中學，而且直升高中。甚至孩子將來出國唸書的學費，都爲他準備好了。

這位父親一心只想要這個孩子好好唸書，其他事情完全不必操心。這個孩子也很乖，遵照父親的安排一路走來也頗爲順利。父親看到孩子安穩的走在自己一手安排的人生之路，內心除了深覺安慰外，還有一份掩飾不住的驕傲與成就感。

可是當孩子考上一所還不錯的大學時，開始不聽父親的話，反抗父親對他所有的安排，甚至對過去父親用心良苦的安排與照顧嗤之以鼻，令這位父親十分痛心，不得已才向我求助。

當我看到這個孩子時，感覺他像一隻被養在籠子裡的飼料雞一樣，相當自我中心，應對進退的能力很欠缺，對未來沒有什麼生涯的規劃，人際關係也不好。後來我單獨與這位父親談話時，很懇切、也很直接的問他：「王先生，過去你爲孩子付出的非常多，實在令人感動。可是，有一天你會比你的孩子早走。到那一天時，你會很放心的對自己說：這個孩子即使沒有我的照顧，我相信他也能好好地生活在這個世界上，我可以安心的走了嗎？」這位父親聽了之後愣在那兒，想了好久，才若有所悟的點點頭。

解析

從上面這個案例我們可以了解：第一，管教孩子的目的不在於要他出人頭地，也不只在要他唸書而已，最重要的是要培養孩子成為一個身心健全的人。如此我們才能放心，即使沒有我們的照顧，他也能獨立自主生活在世界上。以前有一個很響亮的廣告詞說：「不要讓你的孩子輸在起跑點上。」誤導了多少的父母，其實，孩子輸不輸在起跑點上，從長期的觀點來看並不重要，重要的是你的孩子是否身心健全，成為一個獨立自主、具有自我覺知、能夠自動自發，並能夠與人保持親密關係的人。這些特質反映出來的是一個人人格的健全，因此，我認為父母親管教子女的理想應以培養他們健全的人格為主要訴求，協助他們獲取生存能力為次要目標。

第二，孩子不是父母親的財產。父母親可以照顧孩子讓他長大，但是，不可能完全左右他的人生道路。孩子在成長的過程中，逐漸會有自己的想法、價值觀，父母親不能一味地只要求孩子「乖」、「聽話」而已，更重要的是要培養孩子獨立思考、正確判斷以及做決定的能力，並且能夠為自己所做的決定負起責任。因此，面對青少年期的孩子，父母要有心理準備，逐漸放棄控制孩子的念頭，給孩子多開一條路，多開一扇門，讓孩子有學習、成長的機會。

教養訣竅

培養孩子獨立自主的能力才是教養孩子最主要的目的。父母親要時時提醒自己多提供孩子學習獨立自主、做決定、負責任的機會。

好乖的孩子，好叫人擔心

導言

主持過許多親職教育研習班，不少的父母親覺得孩子不好教。常常不聽話，也不知好歹，有時會被孩子氣得半死。然而，也有碰到過孩子過分乖、過分聽話的父母親，他們同樣覺得困擾，不知孩子出了什麼問題。有調皮搗蛋的孩子的父母親羨慕很乖的孩子的父母，孩子太乖的父母親又羨慕孩子能獨立自主的父母親。到底要怎樣教養孩子才好呢？

我們都希望孩子能均衡發展，一個孩子太乖正反映出我們父母親教養的態度與方法過於嚴格與控制，使孩子減少了獨立自主的空間，從長期的觀點來看，其實對孩子的成長與發展並不合適。

情境

有一次一位母親聽完我的演講，會後憂心地問我：「老師，我的孩子是國小二年級的男孩。他的個性很畏縮、很膽小，什麼事都不敢，一點都不像男孩子。我很擔心他是不是心理有問題。」

我大致了解了孩子的一般行爲表現，覺得應該與媽媽控制太嚴有關係。那位媽媽一再熱切又無助地請求我能抽空讓她帶孩子來我辦公室讓我看看，以確定孩子是不是心理有問題。最後，我答應了他的要求，請她帶孩子來我辦公室。

當我看到那個男孩時，只覺得他很乖、很聽話。媽媽在旁邊不時的提醒、叮嚀著他許多事情。我辦公室有一個單獨的沙發椅，旁邊有一個三個座位的長條沙發。我請他們進我辦公室，我坐單獨的那張沙發，請孩子坐在長沙發靠近我的座椅的位子上，請媽媽坐在他的旁邊。

大家坐定後，我看著孩子，說：「我姓吳，你可以叫我吳老師。你叫什麼名字？」孩子遲疑了一下，沒有立即回答我。那位媽媽卻急著要跟我說：「他叫……」我用手勢制止那位媽媽，同時對媽媽說：「讓孩子回答。」

孩子回頭看看媽媽，媽媽對他點點頭，他才回過頭跟我說：「我叫李大同。」我接著問他：「你唸幾年級？」孩子依舊沒有立即回答我，轉頭看著媽媽。那位媽媽因爲剛才想替孩子回答，被我阻止，所以這次她沒有急著替孩子回答，但是很明顯的她焦急地用表情示意孩子趕快回答我的問題。孩子這才轉過頭來回答我：「二年級。」

我接著再問：「我的辦公室裡有白開水、果汁，還有可樂。你想喝哪一種飲料？」

孩子照樣沒有立即回答我，轉過去看著媽媽。媽媽對他點點頭，孩子才回頭小小聲的說：「我想喝可……」那個「樂」字還沒有說出口，只見那位媽媽忍不住伸手打了一下孩子的頭，同時大聲地說：「喝什麼可樂！你想長蛀牙啊?!老師，給他喝白開水就好了。」孩子立即低下頭，沈默不語。

解析

這個男孩很乖、很聽話，聽懂我的問題，卻不敢即刻回答，原因出在媽媽控制嚴格，怕回答錯誤會被罵。因此，每次要講話時，都要回頭看看媽媽，得到允許後才回答。很明顯地反映出這位媽媽管教孩子的手法是相當嚴格控制的。叫孩子往東，他一定不敢往南；叫他站著，他一定不敢坐下。這樣嚴格的管制長期下來，使孩子逐漸不敢表達自己的意見，甚至連自己的姓名、年級都不敢隨便回答。

這位媽媽看到孩子「畏縮、膽怯、沒有男子氣概」，覺得這是個令人擔憂的問題。可是，她只認爲那是孩子的個性問題或心理問題，並沒有意識到孩子的這種表現，其實與她的教養方式息息相關。

教養孩子，父母親要學習容忍孩子犯錯。爲了要孩子有「完美的」表現，父母親常常會干涉過多。就像這位媽媽剛開始時，急著想替孩子回答我的問題一樣。孩子一方面怕講錯話被罵，一方面有媽媽急著代爲回答，因此逐漸養成「沈默是金、言多必失」的行爲表現。

當我問孩子想喝哪種飲料，孩子畏縮的回答「可樂」時，媽媽立即斥責。結果孩子以後很可能不敢再說「想喝可樂」，甚至可能連帶影響到孩子不敢「表達自己的意見」。

教養訣竅

教養孩子要讓他們有機會表達意見。即使剛開始時，孩子的回答可能並不理想，父母親要有耐心，允許孩子逐漸從錯誤中修正。千萬不要替孩子做得太多，剝奪了孩子學習、成長的機會。看到孩子畏縮、膽怯的表現，父母親應該先自我省思：是不是我們的教養方法過於嚴格控制，使孩子缺少練習的機會所致。

變調的親子關係

導言

「愛」不是「控制」。愛像溫煦的陽光，人們可以自己決定是否要晒太陽。控制卻使人失去自我抉擇的自由。父母親更要避免用愛作爲控制子女的手段。父母親在控制子女之後，有時會引起子女的反抗或使子女深陷痛苦之中，父母親最常說的一句話就是：「這一切都是爲你好！」可是，孩子卻絲毫感覺不到。父母親可以提供孩子正確、完整、充分的有關資訊，啓發孩子思考、判斷的能力，適當尊重孩子的抉擇，讓他有嘗試錯誤的機會，給他適度而合理的自由與要求。當他無法做到十全十美的境界時，接受他有不完美的地方。父母親對孩子的愛不會因爲孩子做得不夠完美而減少。

情境

一位在單親家庭成長的女孩，多年來都與母親相依爲命。母親含辛茹苦照顧孩子，把一個家重新建立起來。爲了不願孩子感受失去父愛的缺憾，這位母親對孩子倍加疼愛，儘量滿足孩子的需求。相對的，爲了避免孩子步上自己的後塵，對孩子的管教也特別嚴格。這種既親密又嚴格的親子關係，在母親接觸到「愛的教育」觀念時，內心常相當掙扎，不知道該嚴格管教孩子，還是要尊重孩子的自我抉擇。

當女孩上了高中，有一次一位很要好的同學舉辦生日舞會，邀請她一起參加。當然同學也邀請了一些別的學校的男生。女孩很想參加同學的生日舞會，那是從來沒有過的經驗，可是她又擔心母親不答應。於是她內心忐忑不安地徵求母親的同意。母親內心很衝突，其實她很不願意孩子去參加同學的生日舞會，可是又不想直接拒絕孩子，怕傷了孩子的心。因爲，母女兩人的關係是這樣的緊密。

最後，母親跟孩子說：「妳好好的去玩，我一個人在家沒關係，我會等妳回來。」

孩子聽了，內心覺得怪怪的，再度與母親確認：「媽，妳眞的讓我去？」

母親說：「妳長大了，拓展社交圈也是很重要的。反正我也不可能永遠把妳留在身邊，妳就好好去玩吧！不過，我會在家等妳回來。」

結果，女孩去參加同學的生日舞會，可是就是玩得不開心，因爲她心裡一直掛記著母親。

這是另一種形式的控制。

解析

母女連心，尤其是單親的母親與女兒彼此心靈相通，關係親密，這是很融洽的親子關係。但是母親過多的期待與擔心，這種黏膩的親子關係卻常使孩子增加了無謂的苦惱。因爲孩子內心也明白，母親對她呵護備至，令她感恩，可是這也反映出母親其實是很依賴她的。如果違逆母親的期望，讓母親失望、傷心，會讓她良心不安，但是她又不願意如此被母親操控。因此，對這種黏膩的親情，孩子常常在內心是愛恨交加、衝突翻攪、不知如何是好的混亂狀態。

除了孩子交朋友方面的擔心外，中國的父母親絕大多數都很重視孩子的課業。爲了孩子唸書，總要想辦法讓孩子上比較好的學區的學校。這樣爲孩子的將來所付出的一切並沒有什麼不好，我要強調的是：這一切的努力安排都是做父母親在盡自己的一份天職。至於孩子將來是否會因此就如我們所願的出人頭地，卻不是我們所能掌控的。

在我看來，一個人的「成熟」比「成功」更重要。就如一棵樹，我們用愛心與耐心澆水施肥，卻不能保證它一定長成我們所期望的樣子。到那時候，我們與其失望、痛心，倒不如調整自己，用欣賞的心情去看待它。

我看過太多父母親從孩子小時候就開始爲他安排一切，希望他能照著父母親的安排一步步成長。在父母親而言，他們都認爲那種安排對孩子是最好的。可是有的孩子到了某個年齡（通常是在青春期的時候），開始抗拒父母親爲他所做的安排，令父母親又氣惱、又傷心。

教養訣竅

孩子是個獨立完整的個體，他有自己的思考、情緒、動機、判斷、期望等。父母親不可能爲他安排一切，就像我們不可能爲另一個生命負責。父母親可以對孩子有所期待，但無法勉強；可以有所安排，但無法壓迫。父母親如能學會尊重孩子，承認他是一個獨立的生命，才能眞正幫助孩子成長。

如何與孩子有效溝通——傾聽與表達

導言

父母與孩子溝通時，常有一份感慨：現在的小孩似乎很不聽話，也很容易動氣；但是在小孩的想法裡，也覺得父母老是責怪自己，從不好好聽自己說話，於是相互之間充滿了「氣」。溝通其實是疏通彼此間的距離與情感，但這樣充塞了不好的「氣」，親子溝通是不會好的。

情境一

李太太有一天問起上小學二年級的小英在學校裡和同學相處的情形。小英頗不高興的說：「最討厭坐在我隔壁的胖子，天天都跟人家借東西！」李太太聽了，覺得小英不該那麼跟同學計較，拉開嗓門就對小英說：「妳怎麼這麼小氣？我不是告訴過妳嗎？同學之間要互相幫助，借他一下又不會怎麼樣。」小英聽了媽媽的話，心裡覺得不舒服，也相同的提高了嗓門回嘴說：「媽！他有多煩，妳知不知道？還說我小氣！」李太太聽小英口氣不好，覺得做媽媽的才說一句話，女兒就這麼不耐煩，馬上板著臉說：「妳這是什麼態度？我好意的關心妳，妳看妳這麼兇！妳這個樣子怎麼交得到朋友喲！」小英覺得很委屈，也很氣媽媽幹嘛沒事罵她，她這樣說也沒錯啊，於是更生氣繼續說：「交不到朋友也不要妳管！」李太太火了，說：「妳再頂嘴看看！」小英氣呼呼的扭頭回房間去。剩下李太太在客廳生悶氣，覺得小英脾氣越來越壞。

情境二

小凱在學校英文考試成績一直都不理想，媽媽對這件事情很爲他擔心。最近的一次英文考試小凱又沒考好，媽媽問他爲什麼考得不好。小凱說：「那兩題我原來會寫的，只是一下子忘記了，寫不出來，所以才考不好的。」媽媽說：「不會寫還要找理由！下次考試前背熟一點不就好了！」小凱緊閉著嘴，不服氣的看著媽媽。媽媽看到小凱又是一副不接受的態度，想這小孩不說說不行，就接著說：「怎麼！說你兩句，不服氣啊！有本事下次把英文考好呀！」小凱很不高興的回房間，把英文書丟到角落，拿出他的漫畫書來看。

解析

上面兩個例子呈現了親子之間溝通出了問題。雖然這兩個例子都不是嚴重的問題，可是這種情形如果不趁早找出改善的方法，任它日積月累下去，等眞的出現嚴重問題時再來想解決的辦法，已經來不及了。「冰凍三尺，非一日之寒」，父母親應該及早謀求增進親子溝通的有效方法。

溝通最重要的就是「傾聽」與「表達」。「傾聽」與「表達」一定要清楚、完整、正確。此外，還必須專注，更要眞誠。跟孩子講話時，目光要注視著孩子，對孩子說話要發自眞誠，不能敷衍兩句、應付了事，並且要有耐心聽完孩子所說的話，再確認你所聽到的意思是不是孩子所要表達的意思，以免因爲大人的主觀而曲解了孩子的本意。最好能夠聽出孩子所說的話背後所隱藏未說出的意思。千萬要避免自己的情緒干擾或過度推論，尤其是在傾聽與表達時，要保持「積極正向的心態」，多用正向的想法及字詞做反應。避免使原本愉快的溝通變成責備或算舊帳。因爲那會使孩子不願意繼續溝通，而關閉了溝通之門。以後父母親就越來越不了解孩子，更無從幫助孩子解決他們所遭遇的困擾。我想以前面的兩個例子提出比較良好的溝通反應，供大家參考。

■情境一

小英：「最討厭坐在我隔壁的胖子，天天都跟人家借東西！」

李太太：「哦！那位同學常向妳借東西使妳覺得很煩？」（確認自己是否聽懂小英的意思，並且說出小英未表達出的感覺）

小英：「對呀！他每次都自己不帶，要借我的東西用。不借他又不好意思。」

李太太：「妳不想借他，可是又不知道該怎麼拒絕。是不是？」（再次確認小

英的意思）

小英：「對啊！好煩喲！」

李太太：「妳想不想聽聽我的意見？」

小英：「媽！那妳說我該怎麼辦？」

如此一來，李太太充分了解了小英眞正的困擾所在，小英也知道媽媽了解她。接下去李太太提出她的看法或意見，小英也比較容易接受。這就是有效的溝通。

■ **情境二**

小凱：「那兩題我原來會寫的，只是一下子忘記了，寫不出來，所以才考不好的。」

媽媽：「好像你也很氣自己沒有背熟。」（確認自己是否聽懂小凱的意思，說出小凱未表達出的感覺，並以積極正向的心態來了解小凱的意思，沒有過度負向的推論）

小凱：「是有一點。可是，班上同學有很多考得比我還差的呢！」

媽媽：「聽起來你對這樣的成績覺得還不錯。是不是？」（如果媽媽說：「你怎麼只跟差的同學比，不跟好同學比？真沒出息！」就是用了負向的過度推論）

小凱：「其實也不是啦！」

媽媽：「你知道我和你爸爸對你的期望都很高，我們都希望你能更進步。你覺得有什麼困難，我們可以幫忙你的？」

小凱：「我下次會再用功一點。」

媽媽：「你打算怎麼做呢？」

接下去媽媽就可以跟小凱一起討論如何改進讀書的方法了。

溝通是人人都要學習的功課，父母親跟孩子之間的溝通更是重要。讓我們更用心來培養有效的親子溝通，進而塑造溫馨良好的親子關係，促進家庭的美滿與幸福。

教養訣竅

以正向的態度對孩子的話做進一步的確認與了解。

如何與孩子溝通——說到做到、溫柔而堅定

導言

父母親跟孩子溝通需要講清楚、說明白，使用的語彙一定要注意孩子是否聽得懂。一旦說了就一定要做到，千萬不要隨便跟孩子開玩笑，以爲說說而已沒關係。事實上，父母親對孩子說話如果能做到「君無戲言」，孩子很快就會學到我們教導他的規範。

情境

小言今年三歲，媽媽幫他洗完澡以後，總是不肯好好穿衣服，光著屁股滿房間

亂跑。媽媽常被弄得生氣起來，對著小言大吼：「你再不聽話，我就把你賣掉！」小言聽了笑咪咪，繼續和媽媽捉迷藏，一點都不在意媽媽的話。媽媽上了一天班，回家還得打理一堆家事，實在累得不得了，想打兒子都沒力氣，於是搬出爸爸這道法寶：「你再不聽話，我就告訴你爸爸，叫他來揍你！」小言仍然一副滿不在乎的樣子，跟媽媽玩捉迷藏的遊戲。媽媽已經氣得七竅生煙，小言還渾然不知大禍即將臨頭。

解析

上面這個例子在管教孩子的方法上是有些不當的地方，讓我們來分析一下。

第一，當孩子還不懂「賣掉」的意義時，告訴他說「把他賣掉」就像對牛彈琴一般。他不明白你的意思，所以可能對你笑咪咪，甚至可能對你點點頭，弄得父母親啼笑皆非。當孩子懂得「賣掉」的意義時，告訴他說「把你賣掉」會使孩子害怕失去父母親，內心很焦慮，這種威脅會使孩子採取合作的行爲，但是這種做法同時也會造成孩子的不安全感，擔心被父母親遺棄，容易產生不良的後遺症。

第二，「你再不聽話，我就把你賣掉」這句話父母親幾乎不可能做到。說多了以後，孩子也知道你只是說說而已，也就不把它當回事，這句話就不再有效。父母親對孩子要「說話算話，說到做到」，如此長期下來，自然能在孩子心目中建立信用與權威。因爲他知道父母親「言出必行」，對父母親所說的話自然不敢掉以輕心。由此，我們也可以了解「權威」並不是靠兇惡或打罵建立的，而是靠信用建立的。兇惡或打罵會使孩子害怕、不敢接近，信用不會使孩子害怕，卻能贏得孩子更多的尊敬。

第三，「你再不聽話，我就告訴你爸爸，叫他來揍你。」這顯然是要爸爸當壞人，叫孩子怕他而聽話。這樣長久以後的結果是：一則，母親在孩子心目中的權威性降低，孩子越來越不聽母親的話，因爲母親所說的話不算數。二則，孩子對父親的感情會受影響，害怕父親，不敢跟父親接近，影響親子間親密的關係。

就以上的例子而言，到底要怎樣做才合適呢？我想提出下面幾個改進的做法供大家參考：

第一，我們要孩子學習適當的行爲，最好採用「獎賞」、「鼓勵」等正向的方法，避免採用處罰、威脅、恐嚇等負向的方式。如果一定要採用「威脅」的方法來使孩子就範的話，儘量避免用警察、魔鬼、怪獸、大老虎、殭屍等嚇孩子。可以改用「拿走孩子喜歡的東西」的方式達到使其就範的效果。

如果孩子喜歡看卡通影片，可以告訴孩子說：「你再不穿上衣服，等一下就不能看卡通錄影帶。」如果孩子喜歡玩樂高玩具，可以說：「你再不穿上衣服，等一下就不能玩樂高玩具。」這種方法後遺症比較小。但是，要注意不可以說：「你再不穿上衣服，等一下就不讓你吃飯（睡覺、喝水等）。」因為，生理需求的滿足是不能剝奪的。然而，無關基本生理需求滿足的食品，又是孩子喜歡的，則可以剝奪，因此，可以對孩子說：「你再不穿上衣服，等一下就不能喝汽水（喝可樂、吃冰淇淋等）。」

第二，父母親對孩子說的話一定要做到。如果已經對孩子說過「你再不穿上衣服，等一下就不能看卡通錄影帶」，而孩子仍然不肯穿衣服，卻要看卡通錄影帶時，則父母親一定要「溫柔而堅定」地堅持所說過的話。有的孩子會用吵鬧的方式企圖達到看卡通影片的目的，這時父母親與其生氣地責罵孩子，不如溫柔而堅定地告訴孩子說：「你很想看卡通影片是不是？可是剛才我說過：你不穿上衣服，就不能看卡通錄影帶。所以，你現在不能看。」有的孩子會用撒嬌的方法軟化父母親，使父母親不能堅守原則，這時父母親仍要用溫柔而堅定的態度來對應。也有的孩子會採用「耍賴」的方式，父母親則可以用「溫柔而堅定」的態度及「不理睬」的方式回應。只要重申剛才所說的原則，然後就去做自己的事情，不理睬孩子的耍賴行為。等一陣子，孩子發現耍賴對父母親無效，以後自然就不會採用這種方法了。

第三，當孩子乖乖就範穿好衣服時，父母親要讚美他，給他鼓舞。千萬不要幸災樂禍的奚落他說：「你看你敬酒不吃吃罰酒，活該！」

教養訣竅

父母親在管教孩子時，要注意「言而有信，說到做到」。如果自忖做不到，寧可不說。在表達時，要把握「溫柔而堅定」的態度。

不比較、不妥協地管教孩子

導言

家裡有兩個以上的孩子，父母親教養起來，多少都會感覺到其中一個比較乖、比較聽話，另一個比較不聽話、很難教。父母親都知道教養孩子要公平，一視同仁，不能偏心。甚至也曾有位母親跟我說：「兩個孩子都是我的寶，手心也是肉，手背也是肉，都是我的骨肉，我怎麼會偏心呢?!」事實上，從我過去輔導的經驗發現偏心的父母親還真的不少呢！

情境

有一次我在一家速食店裡，看到一位年輕媽媽帶著兩個男孩在用餐。哥哥大約五歲，弟弟大約三歲。兩個孩子長得都很清秀，非常討人喜歡。

然而，弟弟不肯好好吃東西，在椅子上爬上爬下，迫不及待的想要到餐廳後面附設的兒童遊樂場去玩。那位媽媽手忙腳亂的要弟弟坐好吃東西，並且好幾次告訴孩子說：「吃完東西才可以去玩。」可是似乎沒什麼效果。眼看那位媽媽就快要失去耐性了，弟弟依舊不肯好好坐著吃東西。

五歲的哥哥則默不作聲，專心享受他的雞塊大餐。媽媽終於忍不住脾氣，惡狠狠地對弟弟說：「你怎麼這麼不聽話！你看哥哥多乖！你有你哥哥一半乖就好了。你什麼時候才會懂得聽媽媽的話?!」

哥哥吃完雞塊，接著拿起餐廳贈送的蠟筆在畫圖紙上畫得不亦樂乎。我雖然不知道那位哥哥在畫什麼，但是我聽到那位媽媽對哥哥讚美說：「哇！你畫得眞棒！這麼有天分，眞是媽媽的寶貝！」

後來，媽媽看看時間差不多了，東西也吃完了，該要回家了。偏偏弟弟對店裡的遊樂場依依不捨，說什麼也不肯走。媽媽本想硬把他抱走，可是小孩大聲慘叫，周圍的客人都回頭看那位媽媽。我看見她很不好意思的對周圍的客人笑笑，把孩子放下，只好心不甘情不願的跟孩子妥協說：「好吧！再給你玩五分鐘。」媽媽眼中流露的是一種厭惡與無奈的眼神。

解析

從上面的這個例子來看，也許有不少父母親都有類似的經驗與困擾。我想我可以提供四個建議給那位母親參考。

第一，要避免在兄弟姊妹間做比較，那樣會傷害手足之情。所以媽媽對弟弟說：「你怎麼這麼不聽話！你看哥哥多乖！你有你哥哥一半乖就好了。」是不合適的。在我的工作經驗中看到許多父母親都曾犯了這樣的錯誤。尤其是在兄弟姊妹之間比較成績，傷害更大。曾經有位父親經常對兒子說：「你看你考個什麼成績?!你什麼時候才能像你妹妹那樣拿個好成績回來？」因為父母親長期以來都用這種兄妹比較的方式對待孩子，以至於造成哥哥長期的挫折感，結果兄妹兩人形同水火，哥哥對妹妹有一股深深的「恨」，妹妹則瞧不起哥哥，也不尊重哥哥。家裡不只有一個孩子的父母親，在管教孩子時千萬要注意這點，因爲我們在不經意中會很習慣的在孩子間做比較，孩子們也會很敏感的察覺父母親的「偏心」。所以父母親要時時提醒自己避免在兄弟姊妹間做比較，以免傷了手足之情。

第二，如果孩子急著去玩而不想吃東西的話，我們可以再次清楚的說：「不吃完東西就不可以去玩。你再不坐好吃東西，我們就回家。」如果孩子仍然不好好的吃東西，而吵著要去玩的話，父母親就應該二話不說立刻帶著孩子回家。不必責罵孩子，也不要奚落孩子，只要溫柔而堅定的告訴他：「我剛才說過，你再不坐好吃東西，我們就回家。」有過一兩次這樣的經驗之後，孩子就會知道父母親是玩眞的，說話算話，下次再有這樣的情境時，他們就比較會乖乖的吃完東西再去玩了。

第三，當那位母親要離開餐廳回家時，孩子還想繼續玩，甚至用慘叫聲引起周圍的人的注意，對母親形成壓力，逼使母親妥協「好吧！再給你玩五分鐘。」其實這樣的妥協做法並不合適，甚至會後患無窮。許多孩子會用「耍賴」的方法逼使父母親妥協，以獲得他們想要得到的東西，這都是因爲父母親沒有堅持，或者堅持不徹底，最後終於投降所造成的。

要如何改進呢？首先，那位母親可以提早五分鐘告訴孩子說：「還有五分鐘我們就要回家了。」讓孩子先有心理準備，他可以再玩五分鐘，然後就要離開。給孩子有心理準備的時間是很重要的一件事情。讓孩子先預知若干時間之後，他要做什麼事情，可以讓他先調整好心理狀態，以便迎接接下來的活動。比如，我們規定孩子八點鐘要開始做功課，之前他正在看電視，我們可以在七點五十分的時候告訴他「還有十分鐘就要去做功課了」，讓他先有心理準備，等到八點鐘一到，告訴孩子「現在開始做功課」，然後把電視關掉，孩子因爲先前有了心理準備，因此比較不會抗拒。我認爲「給孩子心理準備的時間」是個非常好用的技術，做父母親的可以好好運用，在管教孩子方面一定可以事半功倍。

其次，一旦時間到，就應該堅持回家。不管孩子用任何方法都不能改變你的決心。即使孩子慘叫引起周圍的人的詫異，父母親也要堅持把孩子抱走回家。至於別人的眼光，可以不理會，因爲如果他們也身爲父母，他們一定也曾有過類似的經驗，應該可以體諒你的處境；如果他們不是父母親，你可以假設他們有一天也會遇到這種情況，到時他們也會了解，所以不必太在意，爲了教養孩子的規矩，小小妨礙一下別人，不是什麼大罪過。

一旦你對孩子的要求能堅持到底、說到做到，孩子很快就會學到要按照父母親的要求行事，而不至於耍賴。因此，在我看來，孩子會耍賴完全是父母親培養出來的，做父母親的應該自我提醒，不要讓孩子有耍賴成功的機會，以免孩子學習到錯誤的行爲。

教養訣竅

避免在兄弟姊妹間做比較，那樣會傷害手足之情。

對孩子的要求要能堅持到底、說到做到。孩子很快就會學到要按照父母親的要求行事，而不至於耍賴。

了解接納孩子，心平氣和教導

導言

有時在新聞報導中會看到有的父母親對孩子犯錯的行爲予以嚴格的打罵，甚至有因此失手，把孩子打受傷或打死的情形。

情境

小言今年四歲，在唸幼稚園。他對許多事物都很好奇，尤其是爸爸的CD唱片。因爲包裝盒上的各種顏色和圖案對小言很有吸引力。每次他想拿來玩，總是被爸爸、媽媽喝斥不准他玩。

今天小言玩玩具覺得無聊，於是偷偷的把爸爸的CD唱片拿出來攤在地板上玩，還用腳去踩一踩。媽媽從廚房忙完，來到客廳，看到小言正在玩CD唱片。立刻衝過去對小言大吼：「不可以玩CD！告訴你多少次，不可以拿爸爸的東西玩！你怎麼總是不聽呢?!」

小言知道自己做錯事了，又被媽媽的大聲喝斥嚇得哭起來了。媽媽一臉怒氣，接著又叫道：「哭什麼哭！這麼不聽話！快去書房跟爸爸說對不起！」

小言一臉驚恐又委屈地慢慢走到書房跟爸爸道了歉，卻哭得沒完沒了。媽媽覺得煩透了，繼續罵他：「自己做錯事，還哭什麼哭？馬上給我擦掉眼淚！」小言再度被罵之後，一面哭一面生氣的把桌上的玩具扔到地上。媽媽也生氣的衝上前去，用力的抓住小言的手，厲聲的斥責：「自己做錯事，還發什麼脾氣？你再扔東西，我就打你！」

解析

上面這個例子，孩子與媽媽都蠻激動的，很值得我們作進一步的探討。

我們都知道再小的孩子遭到挫折時，都會產生不好的情緒。而孩子的情緒需要父母親的了解與接納。情緒沒有對錯可言，面對孩子的情緒，父母親不要去評價孩子產生情緒這件事是對是錯，要試著去了解與接納孩子所產生的情緒。當孩子覺得受委屈，難過得哭泣時，父母親要能在孩子的立場去體會他的心情與感覺，因爲情緒是需要了解的。當一個人的情緒被另一個人了解時，那是一種很舒服的感覺，如遇到知音般喜悅，因爲他的情緒得到了照顧。即使是痛苦的情緒，如果能被別人了解，也會因此而減少痛苦的感覺，情緒自然變得比較平穩。

我們要如何去了解與接納孩子的心情呢？第一要察覺孩子的情緒狀態，第二要適當的表達我們所了解到的情緒狀態。比如我們察覺孩子正在生氣的狀態，可以對他說：「你好像很生氣的樣子。」或者說：「你覺得很生氣，是不是？」同樣的，當我們體會出孩子的心情正處在難過（委屈）的狀態時，我們可以對他說：「你好像很難過（委屈）的樣子。」或者說：「你覺得很難過（委屈），是不是？」這樣的說法就已表達了我們對孩子心情的了解與接納。雖然不見得會使孩子立刻改變情緒，但至少可以讓孩子發現你是了解他的人，而願意與你進一步地溝通。

一個人在情緒狀態下需要的是了解而不是說理。如果我們想要開導孩子，跟他講道理的話，必須先照顧好他的情緒，讓他覺得你了解他的情緒，然後才開導他，那時他的情緒比較平穩，也比較容易接納你的說理。以上面的例子來說，當小言玩CD唱片被媽媽罵哭之後，媽媽不要再用罵的方法，而改說：「小言，媽媽剛才罵你，你很難過，是不是？」如果孩子仍在哭泣，媽媽可以輕摟著他，用類似的句子重複再說幾次，等小言停止哭泣時，再說：「那些CD是爸爸的，你不可以拿來玩，更不可以用腳踩。因爲那樣CD很容易弄壞。知道嗎？」相信此時小言比較聽得進這番話。

情緒與行爲關係非常密切，憤怒的情緒便常會導致攻擊的行爲。例如孩子因挫折而引起沮喪與憤怒的情緒，有時會用摔東西、罵人、打人、咬人或踢小狗、小貓等各種不同的方式發洩出來。這類行爲都是屬於攻擊性行爲，也就是說孩子用攻擊其他的事物來發洩他的不滿與生氣的感覺。上面的例子裡小言就是用摔玩具來發洩他的不滿。

父母親多半覺得孩子不應該用攻擊的方式來發洩憤怒的情緒，因此當遇到這種情況時，會急著去處理攻擊行爲，甚至否定孩子的情緒。小言的媽媽就是只注意到要管教小言的攻擊行爲，而完全忽略了小言挫折的情緒。

在處理情緒與行爲時，要把兩者區分開來。我們要分清楚，憤怒的情緒與攻擊的行爲是兩件事。一個人有權利擁有各種不同的情緒，情緒的控制不是一件容易的事，需要很長的時間才能修養到穩定自在的境界。尤其是孩子還小的時候，我們不可能要求他把情緒控制得很好。因此，對於孩子的憤怒情緒我們無法要求他控制到不發脾氣，而應該採用上述「了解與接納」的態度來面對他的憤怒情緒。但是，對於攻擊的行爲則是應該加以制止。

在制止孩子攻擊行爲時，要同時配合兩件事情：一個是了解他憤怒的情緒，並予以接納；另一個是指出他的攻擊行爲是不適當的，並提出可以被接受的發洩憤怒情緒的方法。比如說：「不可以打人，但是可以打枕頭」、「不可以摔其他玩具，但是可以摔某一個布娃娃」。這樣的做法讓孩子有一個可被父母接受的管道，用以宣洩他憤怒的情緒，而其他的攻擊行爲則不被允許。隨著孩子年齡的成長，父母親可以逐漸改變可被接受的宣洩管道，慢慢讓孩子學會以比較成熟的方法處理自己因憤怒情緒所產生的行爲。如此，我們接納並宣洩了孩子憤怒的情緒，也制止了孩子的攻擊行爲。

最後要提醒父母的是，面對孩子的喜怒哀樂等情緒時，父母親要保持自己情緒的穩定，避免隨著孩子的情緒變化而跟著起伏。有時孩子用哭鬧表達不滿與抗議，父母親的情緒就很容易被影響，變得暴躁與缺乏耐心。尤其是孩子的哭鬧時間超過父母親的容忍範圍時，父母親很可能被煩得受不了，而採取強烈的負向情緒或攻擊行爲，如「罵」或「打」的方法來制止孩子的哭鬧。這是非常普遍、但也是非常不適當的管教方法。

父母親對孩子採用強烈的負向情緒或攻擊行爲，至少會有三種不良影響：

1. 孩子無法感受到父母親的愛。雖說「愛之深，責之切」，但是責罵得過度的話，常讓孩子感受到的是父母親的「恨」（恨鐵不成鋼），而不是「愛」。

2.會有示範效果，孩子可能會模仿學習父母的負向情緒或攻擊行爲。

3.負向情緒或攻擊行爲極可能在失控的情況下造成孩子身體或心靈上的傷害。

父母親在管教孩子時要控制好自己的情緒，這是非常重要的一項功課。我們發現有些孩子在父母實施管教時受到傷害，那都與父母親的情緒失控有關。在管教孩子的時候，如果發現自己情緒逐漸憤怒起來時，建議父母最好暫時離開當場，讓自己先平靜下來，想好合適的策略與作法後再去處理，如此可以避免不適當或無效的管教。無論如何，父母親是成年人，不該跟小孩子一般見識。

教養訣竅

父母親管教孩子時要先學習做到「不動怒、不急躁、要了解、要接納、務必情（緒）（事）理兼顧」，才能圓滿解決問題。

餐廳裡孩子行爲的管教

導言

有時到中餐館吃飯，會看到小孩子在餐廳裡吵鬧、追逐、嬉鬧的情形。雖然他們表現得很純眞、很可愛、很快樂、很自由，可是看在其他在餐廳用餐的客人眼裡，卻是蠻令人討厭的。因爲他們的行爲已經影響到其他客人用餐的氣氛與心情。有些父母親對這種情況採取放任主義，並不加以制止，任他們的孩子繼續吵鬧，引起周圍的客人側目。有些父母親發覺孩子的行爲會影響別人而加以制止，可是好景不常，沒多久，孩子們又開始吵鬧，父母親更大聲的斥責、制止，形成小孩吵、大人叫的吵雜場面，令人不忍卒睹。

情境

我有一個弟弟、兩個妹妹，都各有兩三個孩子，都在小學或中學唸書。有一次我們有個家庭聚餐，因為人數多，所以大人們坐一桌，小孩子們坐一桌。當我們在餐廳坐定後，為了防止小孩子吵鬧，影響別人用餐的情形發生，我先對父母親及弟妹們說：「為了讓小孩好好的吃飯，不至於影響別人，等一下我會要求孩子們遵守一些規定，你們不會有意見吧！」也許因為我是大哥，又懂輔導，所以父母、弟妹及妹婿等都點頭同意，尤其是小妹更說：「我那三個小子平常就讓我頭痛得不得了，正好今天讓大哥好好幫我管管。」徵求孩子父母親的同意是我要進行管教的第一步。

其次，我走到孩子們坐的那桌，先用眼光掃視每一個孩子，確定每個孩子都已經注意到我。之後，我才開始說話：「今天我們在餐廳吃飯，要保持安靜。不可以吵架，不可以打架，不可以大聲講話或吵鬧，更不可以在餐廳裡追來追去。如果要離開座位，要先告訴我，得到我的同意後才可以去。有沒有問題？」我再度環視每個孩子，停了一會兒，確定每個孩子都清楚規定之後，我指著兩張餐桌之間靠牆邊的一張椅子說：「如果有違反規定的小朋友，就要到那張椅子去坐兩分鐘。有沒有問題？」再度確認孩子們沒有意見後，我回到座位開始用餐。

開始用餐沒多久，小妹的一個孩子已經坐立不安，在椅子上爬上爬下的，甚至鑽到桌子下面，爬到其他小朋友的座位旁去逗他們玩。小妹先看到這種情形，立刻大聲的斥責：「小松！你在幹什麼?!跟你說過多少次，吃飯的時候不要在桌子下爬來爬去，你怎麼每次都不聽?!」大家都轉頭看小松，小松從桌子下爬出來，笑嘻嘻的對他媽媽說：「我也沒怎樣啊！」小妹一聽，憤怒地提高嗓門說：「你還嘴硬，看我回去怎麼收拾你！」

我起身走到小松的身邊，在他耳邊用低沈而平靜的聲音說：「你任意離開座位，違反規定，現在去牆邊的椅子上坐兩分鐘。時間到的時候，我會叫你下來。」小松抬頭盯著我看，身體縮在他的椅子上，不肯下來。我再次重複說了一遍要他去罰坐，我沒有生氣，也沒有提高嗓門，只是堅定地說：「我們已經規定得很清楚了，你違反規定，所以一定要去坐在那把椅子上兩分鐘。來，我陪你過去。」於是我拉著他，帶他到牆邊坐上那把椅子，然後我才回座位，並開始計時。

當計時兩分鐘一到，我就轉頭對小松說：「時間到，你可以回座位去了。」小松低著頭，很「衰」的回到座位。這時小妹又對小松說：「看吧！剛才跟你講過，不聽話就要倒楣，現在知道了吧！活該！看你下次還敢不敢！」我連忙用手勢制止小妹再講下去。

又過了一會兒，大妹的一個孩子阿浩與小松玩猜拳遊戲，彼此因輸贏而打來打去，甚至在餐廳裡追逐。我立刻站起身，制止阿浩與小松的追逐、嬉鬧。一手拉住一個孩子，蹲下身，目光直視兩個孩子的眼睛，用堅定而低沈的聲音對他們說：「你們兩人在餐廳裡追逐，違反我們的規定，現在兩個人都要到牆邊去坐椅子兩分鐘。」說完，我就拉著兩人到牆邊，另外再拉了一把椅子過來，把兩把椅子背對背，中間間隔一大步，然後叫阿浩和小松各坐一把椅子。小松因爲是第二次被罰坐椅子，其他小朋友都嘲笑他，他非常不情願的坐在椅子上，幾次想下來，不願受處罰，可是我站在他身邊，用手按著他的肩膀，使他無法動彈。最後，小松掙扎無效，哭了起來。小妹又說話了：「好了！好了！趕快跟大舅舅說『對不起，下次不敢了』。」我走到小妹的身邊對她說：「妳可以到小松的身邊用安慰的語氣對他說：媽媽知道你很難過，但是你還是要坐兩分鐘才可以下來。」

經過兩次的罰坐之後，小朋友的那桌就表現得非常好，要上廁所也會先來報告，徵求同意後才去。用完餐，我走到小朋友的那桌，對他們說：「今天你們表現得都很好，尤其是允中、雅婷、小威、婉萍、春蓉表現最好，我們大家拍拍手鼓勵一下。」小朋友們高興的拍拍手，結束了一次愉快的家庭聚餐。

解析

徵求孩子父母親的同意是我要進行管教的第一步。在執行處罰以修正孩子不當的行為時，一定要其他大人的配合與支持，才會有效。千萬不要看到孩子哭了或抗拒處罰就出來打圓場，使孩子有規避處罰的機會。即使孩子受處罰時哭了起來，也要讓他坐在罰坐的椅子上哭，等兩分鐘時間到了，才可以下來。要孩子說「對不起，下次不敢了」並不重要，重要的是孩子要學會遵守規則，一旦不遵守規則，就要承擔後果責任。即使孩子說了「對不起」，也要執行原先約定的規則與處罰，不可就此算了。

我先用眼光掃視每一個孩子，確定每個孩子都已經注意到我。之後，我才開始說話。對孩子下達指示或要求時，一定要先讓孩子把注意力集中到你身上後，你才開始講話。有些父母親只是自顧自的跟孩子講了一大堆話，孩子有時還在玩玩具或看電視，連頭都不抬起來。這種一廂情願的溝通，必然是沒有效果的。

要孩子們遵守的事項，一定要事先規定清楚，並加以確認，以後孩子才會遵守。規定的事項一定要具體明確，避免模稜兩可，或相互衝突。如有違反規定，要接受何種處罰，也要一併規定清楚。不要只說：「不遵守規定的話，你們就給我小心了。」這種模糊的恐嚇在修正行爲上的效果不大。另外，要注意處罰的方式不必太嚴重，其實對孩子們來說，罰坐兩分鐘已經足夠達到制止不適當行爲的效果了。

對孩子不當的行爲，我們不必厲聲斥責，也不必大吼大叫，通常越提高嗓門的怒罵，效果越差。發現孩子違規的時候，與其隔得老遠的高聲斥責，不如走到他的身邊，目光直視他的眼睛，用比平常講話更低沈的聲音告訴他：「你不可以……」效果反而比較好。

對受到處罰的孩子，我們可以了解，他會覺得很挫折。我們應該給他自我反省的時間，不要再落井下石。否則只會激起他挫折後的情緒，甚至引起反彈，反而沒有自我反省，就達不到修正行爲的效果。如果一定要講些話，則可以走到他的身邊輕聲對他說：「剛才被罰坐心裡很不舒服，是不是？下次不要再犯就好了。」如果孩子還在氣惱，不理睬你，你也不要繼續囉嗦，給他一點安靜的時間反而會更好。

當孩子出現不遵守規範的行爲時，父母親要他們到特別座罰坐兩分鐘。這種處罰的方式屬於行爲改變技術的「隔離法」。目的在減少孩子不合適的行爲，但是卻無法建立良好行爲。罰站或罰坐的時間不宜太長，大約五分鐘左右就足夠了。

當小松在罰坐的時候，其他小朋友都看在眼裡。有的竊竊私語，有的露出嘲笑的表情，看得出來他們都覺得「罰坐」似乎蠻好玩的，可是誰也不願意被「罰坐」。中國人的「殺一儆百」效果再次得到印證。「罰坐」不是嚴重的處罰方式，可是同樣有很好的修正行爲的效果。

教養訣竅

對孩子的要求或規範一定要事先講清楚說明白，然後確實執行，不打折扣。不要因爲自己的喜怒哀樂而任意增減。

罰站或罰坐都屬於「隔離法」的運用，目的在減少孩子不合適的行爲。罰站或罰坐的時間不宜太長，大約五分鐘左右就足夠了。幼稚園的孩子只要罰坐兩分鐘就可以了。長時間的罰站要避免。

當孩子出現不合適的行爲時，父母親可以走到他的身邊，目光直視他的眼睛，用比平常講話更低沈的聲音告訴他：「你不可以……」效果反而比較好。

受到處罰的孩子內心會有挫折感，父母親不妨發揮同理心，給他們一些時間自省與調適。

孩子不好好吃飯怎麼辦？（一）

導言

有些小孩子吃飯時不能專心，一邊玩玩具或看電視，一邊吃飯，結果吃飯時間拖得很長，讓父母親覺得很困擾。

有的父母親糾正孩子幾次以後，自己都動氣了，很想打罵孩子，可是又想到吃飯應該保持好心情，不要搞得大人小孩心情惡劣，對健康也不好。如果吃飯時間一過，就把菜飯收起來，又怕孩子等一會兒肚子會餓。這種左右爲難的情形，眞是叫父母親頭疼。

情境

鄰居李媽媽有個三歲的孩子名叫小雄，長得一副聰明伶俐的樣子，很討人喜歡。但是身材非常瘦小，李媽媽爲了他吃飯的問題傷透了腦筋。

看教養孩子的書上說要讓小孩吃飯時感到愉快，食慾比較好，於是李媽媽讓小雄一邊吃一邊玩玩具，一頓飯總要吃上一個多小時，讓李媽媽覺得筋疲力盡。小雄的祖母看不過去，主張小孩子要專心吃才吃得好，把所有的玩具都收起來，小雄又哭又鬧，一下子說肚子痛，一下子說想睡覺，一下子說背會癢，東搞西搞，過了半小時，一碗飯還是一碗飯。最後李媽媽把棍子拿出來威脅小雄，再不吃飯就要揍人，結果小雄一邊哭一邊把所吃下去的食物全吐了出來，李媽媽眞是拿他沒有辦法。

有一天李先生夫婦請我上館子吃飯，果然看到小雄吃飯的問題，於是我毛遂自薦牛刀小試一番，讓他們夫婦看看我的做法。

首先，我靠近小雄，小聲的對他說：「現在是吃飯的時間，你應該好好吃飯，不能玩玩具，我先把玩具收起來，等你吃完飯，我再給你這個玩具。」說完，不理小雄的抗議，我就把他正在玩的玩具車收起來。小雄又哭又鬧，吵著要他的玩具車。周圍的其他客人都側目，好奇的看著我們這邊。李先生夫婦無奈的看著我，由他們的眼神我讀得出他們心裡的意思是「你看現在該怎麼辦？」我則老神在在的冷眼旁觀小雄的耍賴行為，繼續吃我的飯，跟李先生聊其他的事，不理小雄。

過了一陣子，我才把玩具車拿出來放在我的桌子上，再度靠近小雄，指著玩具車在他耳邊說：「小雄，你想玩那個玩具車是不是？」小雄點點頭。我接著說：「我把玩具車放在我桌子那邊，你可以看到它，你吃一口飯，車子就會開近你一點，等你吃完飯，車子就開到你這邊了，你就可以玩它了。」於是我示意李媽媽可以餵小雄吃飯了，當小雄吃下第一口飯時，我立刻面帶笑容給小雄拍拍手，說：「小雄，吃飯很好！這就對了！你看玩具車開過去一點了。」同時把玩具車往小雄座位的方向推過去一些。

此後，小雄眼睛盯著玩具車，一口接著一口把飯吃完，我也遵守承諾在他每吃一口飯後，就把玩具車逐步移近他。但是堅持不准小雄用手去拿玩具車，只要他一伸手想拿時，我就更快的把玩具車拿過來，並且眼睛盯著他，用食指搖一搖，表示「不可以」，等他坐回去，我才把玩具車放回桌上。就這樣，直到小雄把一碗飯吃完，才讓他拿玩具車開心的去玩。這頓飯李先生夫婦也吃得很開心。

李媽媽問我，除了剛才的那個方法外，還有沒有別的方法可以讓孩子好好吃頓飯？我說當然還有很多種方法，我舉其中一種不同的做法提供給他們參考。首先，我問他們小雄最不喜歡大人把手放在他的哪個部位？他們說，他不喜歡別人把手放在他的脖子上。我建議他們可以在小雄不好好吃飯時，把手放在他的脖子上，當然不要捏他，只要一直放在那裡，讓小雄覺得難過就可以了。當然他一定會用手想撥開，或扭動身體想擺脫脖子上的手。但是，大人絕對不能放鬆，一定要像用黏膠把手黏在他的脖子上一樣，任他怎麼甩也甩不掉。等他覺得難過得不得了時，才告訴他：「只要你乖乖吃飯，我的手就會拿開。現在我把手拿開，你吃一口飯，如果你不吃，我就再把手放在你脖子上。」當我們的手拿開時，如果孩子仍不好好吃，我們就要二話不說立刻把手再度放到他的脖子上，繼續讓他難過。如果他乖乖的吃飯了，我們就要給他讚美，稱讚他的良好表現。

解析

當我把小雄正在玩的玩具車收起來，要他專心吃飯時，小雄又哭又鬧，吵著要他的玩具車，甚至引來鄰桌客人的側目。這時父母親一定要態度堅定，不要覺得不好意思，而對孩子讓步。

當小雄吃一口飯，我把小汽車移近他一些，小雄想搶過去，一定不能讓他得逞。父母親要堅持我們的規則：「吃一口飯，車子就會開近你一點，等你吃完飯，車子開到你這邊，你就可以玩它了。」

當然，要養成孩子良好的吃飯習慣要考慮很多因素的配合。諸如：飯前不要讓孩子吃零食，食物烹調的口味能符合孩子的喜好，食物的營養要注意均衡，吃飯的時間、地點、餐具等都要固定等。

許多父母親在面對孩子不好好吃飯時，會又急又氣，甚至用打、罵的方式硬逼孩子吃飯，搞得孩子哭哭啼啼的，一點吃飯的氣氛與樂趣都沒有了。其實，稍微設計構思一下，要孩子好好吃飯並不是件困難的事。

教養訣竅

當孩子吃飯容易分心時，父母親可以利用孩子喜歡的玩具、物品做爲獎品。逐步引導孩子吃一口飯，獎品會逐步接近，直到飯吃完，就可以得到該項獎品。

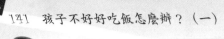

孩子不好好吃飯怎麼辦？（二）

導言

孩子不好好吃飯是許多父母親的煩惱。有些父母親情緒管理不好，見到孩子不好好吃飯，好言相勸幾次沒效，就很容易發火，改以大聲斥責的方法，甚至採用體罰。結果搞得全家都很挫折，每個人都很難過。事後想想又覺得何苦來哉。要教導孩子好好吃飯眞的那麼難嗎？

情境

李太太有兩個兒子，一個唸小學二年級，一個唸四年級。老大吃飯時都不好好吃，吃得特別慢，往往要花一、兩個鐘頭時間，而且會趴在桌子上或彎著腰慢慢吃飯，一副沒精打采的樣子。老二看哥哥的情形，也有樣學樣，令李先生和李太太十分困擾，不知如何是好。

李先生比較沒有耐性，看到孩子吃口飯停下來發呆，就會急著催促，大聲叫他們趕快吃：「吃飯發什麼呆，坐好！趕快吃！你每次都吃得那麼慢，害別人都要等你！再不趕快吃，等一下就收起來不給你吃！」

孩子一聽，眼框一紅，眼淚就掉下來，當然飯也沒辦法吃了。

李先生看了更生氣，開始大罵：「吃個飯哭什麼哭？講兩句就哭，將來成什麼材?!你再哭，我就打你！你試試看！」孩子被罵，不敢吭聲，飯也沒法吃，只能繼續哭。

李先生看孩子還哭，生氣得站起身來，把孩子一把拉起來，拖到廁所去，把門關起來。孩子在廁所裡面又害怕、又委屈地大聲哭叫。

本來應該是一頓快快樂樂的晚餐，結果變成孩子哭鬧、大人叫罵收場，每個人都覺得很沮喪。

每當這種情形發生時，李太太都不能插嘴，否則也一併會被李先生罵，所以只好無奈地任情況繼續演變下去，她也無能爲力，覺得很無助，但內心總希望事情能有改善的做法。

解析

當我了解李太太的問題後，我先問清楚孩子喜歡的是什麼。孩子都喜歡看卡通影片、打電動玩具，尤其老大還喜歡看漫畫書。於是我要李太太回家後，花點時間跟先生溝通，不要在吃飯時責罵孩子，採用另外的方法來改善孩子吃飯的習慣。

首先，跟孩子約定好只要能在四十分鐘以內吃完飯，就可以多看卡通影片節目十分鐘，如果超過四十分鐘還沒吃完飯，就要減少看卡通影片十分鐘，如果在五十分鐘內還沒有吃完飯，媽媽就會把晚餐收起來，不能再吃。如果晚上肚子餓的話，也沒有任何東西可以吃。一旦跟孩子約定好之後，就照章行事。李太太只要每餐飯前提醒孩子們注意所約定的事情，李先生則要克制自己的脾氣，不要失控而發作。

第一個星期，李太太說，開始時孩子都不太在意，吃飯習慣依然故我，並沒有縮短吃飯時間。我問李太太有沒有執行超過五十分鐘就把菜飯收起來，不再給孩子吃的東西？李太太說她試過了，可是孩子晚上都會吵著肚子餓，如果眞的不給他們東西吃，又於心不忍，所以頂多再罵孩子幾句，還是要弄吃的給孩子。但是孩子吃晚飯的時間的確有縮短，只是還沒有達到標準。

我微微點頭表示了解李太太要嚴格執行這個計畫的確有她的困難。在這段時間裡，至少我知道有三個進步的情況：

1. 李先生在這個新計畫實行的這段時間沒有再發脾氣，表示他可以配合。
2. 李太太有確實執行吃飯五十分鐘後把菜飯收起來的動作。
3. 孩子吃飯的行爲有改善，雖尙未達到理想，但已有進步。

於是，我還是鼓勵李太太繼續努力堅持執行這個計畫，並繼續鼓勵孩子朝四十分鐘吃飯時間的目標邁進，並再度強調如果達到的話可以有更多時間看卡通影片。同時也教李太太如何「溫柔而堅定」地處理孩子晚上喊餓要找東西吃的狀況。

第二個星期，李太太堅持五十分鐘後收菜飯，並且晚上即使孩子喊餓，也不再給孩子吃任何東西，只是口頭表示了解與同情孩子肚子餓的情形，跟孩子說明天早上起床就有東西吃了。不再責罵孩子，也不再奚落孩子。

經過兩天的掙扎，孩子們發覺媽媽是玩真的。餓了兩個晚上，終於在第三天晚上乖乖的吃飽飯，不敢奢望晚上還會有宵夜了。甚至第四天老二還在四十分鐘內吃完了飯，李太太很高興的依約給孩子多看了十分鐘的卡通。老大本來想跟弟弟一起看卡通，但被李太太制止。因爲他沒有做到標準，所以不能看，只好回房間去看書。

經過兩個星期的實驗，李太太看到了孩子吃飯的習慣略有起色，也比較有信心了。決定繼續執行下去，我也請李太太畫一個記錄表，每天晚餐後，把兩個孩子吃晚飯所花的時間，與孩子們確認後，寫在記錄表上，並且把整張記錄表貼在牆上。於是孩子可以每天看到自己吃晚飯所花的時間有多少。

在第三星期裡，兩個孩子居然開始彼此比較看誰吃飯吃得快。當然兩個孩子得到多看卡通影片的次數也越來越多。李先生和李太太看到孩子的進步越來越明顯，內心很是安慰，李先生也從原先的懷疑態度轉爲積極投入，家庭氣氛也改善了許多。

教養訣竅

父母親教導孩子要有創意和方法。我常提醒許多父母親：「孩子需要的是教導，而不只是責罵。」

多用獎勵的設計來增進孩子的好行爲，比較能得到事半功倍的效果。

媽！再讓我玩一下嘛！

導言

培養孩子自我控制的能力是許多父母親的期望。然而，要一個人能自我控制，並非一朝一夕短時間就能達到。父母親在教養孩子的時候應該不時地檢討自己的教養方法是否能培養孩子自我控制的能力與習慣。

許多孩子都很貪玩，有時一玩下去，就忘了時間，正事、功課完全拋諸腦後。父母親在管教孩子時，經常會碰到這種狀況。到底該怎麼做才好呢？

情境

小威唸小學三年級，很喜歡爸媽帶他到遊樂場去玩。他特別喜歡在遊樂場裡看別人打電動玩具。有時看到有人技術很好，連連過關，他會很羨慕、很欣賞，看得津津有味，但是當爸媽要他自己下去玩一玩時，他又不要玩。有時候在遊樂場一待就是一兩個鐘頭，只看不玩，也不肯離開。他總是會對媽媽說：「媽！再讓我看一下嘛！」

有時爸媽急著要去辦其他事情，三催四請都沒效果，小威依舊流連在電動玩具場，對爸媽的催促充耳不聞，非得要爸媽生氣起來，小威才會心不甘情不願地隨爸媽離開。爸媽本來計畫要做的事情，幾乎每次都會因此被耽擱，令爸媽很頭疼，也很氣惱，不知道該怎麼辦才好。

在一次座談會裡，小威的媽媽提出了她的這個困擾，立刻有其他的媽媽們應和著，有的說她們的孩子看電視卡通，也有類似的情形，一坐到電視機前面，就很難離開，好像屁股黏在椅子上一樣，怎麼叫都不理。每次都要媽媽生氣罵人時，才會很勉強、很不情願的關掉電視。這類的問題似乎是很多父母親在管教孩子時很容易碰到的困境，特別容易引起共鳴。

解析

針對小威的情況，我給了小威媽媽一些建議。執行一段時間後，發現果然很有效果。

首先，我要小威媽媽在帶小威進入電動玩具遊樂場之前，先停下腳步，跟小威說：「我們進去看別人玩電動玩具，只能看半個鐘頭，我們還有別的事情要做。半個鐘頭時間一到，我們就要立刻出來。有沒有問題？」等小威同意後，才帶他進去。

其次，在過了二十分鐘之後，一定要輕拍小威的肩膀，告訴他：「還有十分鐘，我們就要出去了。」最後，等三十分鐘時間一到，媽媽只要告訴小威「時間到了，我們出去了。」然後不管小威要求延長時間，甚至出現要賴的行爲，都要堅持把小威帶出電玩遊樂場。即使小威生氣或傷心，都要堅持把他帶出來。如果小威眞的生氣的話，也不必太理睬他，給他一點時間讓他調整心情就可以了。

後來，小威媽媽告訴我，第一次這樣做的時候，她都有些緊張，深怕自己不能冷靜地堅持到底。結果，小威果然依舊像往常一樣跟媽媽要求「媽！再讓我玩一下嘛！」媽媽則堅持說：「我們剛才已經約定了只有半個鐘頭，現在時間到了，所以我們這就出去了。」說完就拉著小威的手往外走。小威掙扎著反抗，想做最後的努力，可是媽媽打定了心意，硬是把小威拉出了電玩遊樂場。小威一臉生氣、厭煩的表情，惡狠狠的盯著媽媽，嘴角翹得老高，不管媽媽跟他說什麼，他都不回應。媽媽知道小威因為挫折而生她的氣了，她記住我告訴她的話，也不太去理睬小威，仍然按照原定的計畫去做該做的事情。中午吃午飯時，小威的氣仍未消，只喝了些湯，沒有吃東西，媽媽問他，他只說：「我不餓！」媽媽也不勉強他吃東西。就這樣「冷戰」到了晚上，小威的情緒才平復過來。媽媽雖然內心有些不忍，但是卻慶幸自己能夠這樣堅持下來，眞的很不容易。

第二次再帶小威去電動玩具遊樂場時，小威媽媽照舊在電玩場前停下腳步，告訴小威：「我們進去看別人玩電動玩具只能看半個鐘頭，半個鐘頭時間一到，我們就要立刻出來。有沒有問題？」小威點點頭，迫不及待的就往裡面衝。小威媽媽陪著他看別人玩，等到二十分鐘時，媽媽拍拍小威肩膀，說：「還有十分鐘。」小威點點頭，繼續看著精彩的電動玩具畫面。等三十分鐘時間一到，小威媽媽再拍拍他的肩膀，說：「時間到，我們出去了。」說著就拉著小威的手往外走。小威有了上次的經驗，這次試圖改用柔性的方法，拜託媽媽再多給他五分鐘時間。媽媽不為所動，仍然堅持拉著小威的手走出電玩場。這次小威仍然有些失望，可是不愉快的時間顯然縮短了許多。小威媽媽發現她這樣堅持下來，小威的反應有明顯的進步。這也給她很大的鼓舞，決定要繼續堅持下去。

第三次帶小威去電動玩具遊樂場時，小威媽媽照舊在電玩場前停下腳步，正準備告訴小威：「我們進去只看三十分鐘。」話還沒說出來，只見小威把手一揚，說：「我知道了，三十分鐘。」然後，一溜煙地就衝了進去。等過了二十分鐘時，小威媽媽拍拍他的肩膀，正準備說「還有十分鐘」時，小威比媽媽更快地說：「我知道了。」媽媽笑笑，就沒有再說什麼。等到三十分鐘時，媽媽再拍小威的肩膀，說：「時間到了，我們走吧。」這次小威二話不說，乖乖跟著媽媽走出電玩場，一面還很興奮的告訴媽媽剛才他看到了些什麼精彩的高手表現，說得眉飛色舞。媽媽見小威如此開心，自己也覺得很高興。當然最主要的是她已經證明她能夠運用適當的方法使小威的行為產生有效的改變了。尤其這種改變反映出小威自我控制的能力有了顯著的進步。

教養訣竅

孩子行爲規範的建立其實並不是件難事。端賴父母親能否堅持原則，並配合同理心的運用。父母親的堅持與耐心可以很容易地使孩子養成良好的生活規範，進而培養孩子自我控制的能力。

電視劇媽媽

導言

很多父母親都是先當了父母親才開始學習如何當個稱職的父母親。在教養孩子的做法上大致都是由自己過去的成長經驗、聽親戚朋友的意見、聽演講、看書或看電視逐漸學習。

在現代社會中，大多數人都花費許多時間在看電視上，家庭的休閒活動也以看電視占第一位。電視對我們生活的影響舉足輕重。尤其是有些做母親的對電視連續劇情有獨鍾，每天必看，相對的生活各方面也就深受電視劇情的影響。在教養孩子方面，很自然地也會產生不切實際的誤解。

情境

一位母親告訴我，她的孩子四歲，喜歡玩軌道火車，常常在客廳排滿了軌道和火車，玩得不亦樂乎。別人在客廳走動，一不小心就會踩到玩具，幾乎寸步難行。

孩子玩得盡興後，常常都不收拾玩具，罵也罵不聽，還頂嘴說「等一下還要玩」或「收了也沒用，反正明天還要玩的」。有時讓這位媽媽又好氣又好笑。

前幾天她要求孩子收拾玩具，孩子仍舊不收。她講了幾次，都沒效果，終於忍不住生起氣來，就把軌道火車沒收，不給孩子玩。結果孩子也沒什麼難過或後悔的表現，依舊故我的去玩別的玩具，好像少了軌道火車也沒什麼關係的樣子。眞把她給氣炸了。

原先她氣的是孩子不收玩具。後來氣的是孩子玩具被沒收，卻無所謂的態度。

我很好奇的問她：「妳希望孩子要怎樣反應才符合妳的期望呢？」她說：「至少他要表現出難過、後悔、認錯的態度啊！」

我接著問：「妳怎麼會認爲孩子要表現出難過、後悔、認錯的態度才是合適的呢？」

她露出一臉困惑不解的表情，回答說：「小孩子做錯事當然要表現難過、後悔、認錯的態度才對啊！電視劇裡的孩子不都是這樣表現的嗎？」

我笑一笑，心想又是一個「電視連續劇媽媽」。

解析

在台灣，電視連續劇的編劇有不少把劇中的小孩描寫得根本不像小孩，全部都是「小大人」。那樣的孩子缺少了天眞、可愛、純眞、活潑、自然、任性、衝動、霸道、自我中心的表現。

媽媽們看電視連續劇的機會很多，久而久之逐漸中毒，卻渾然不自覺。往往把劇中孩子的反應當作是正常小孩的反應。在實際教養孩子時，不知不覺就把連續劇裡的小孩模樣投射到自己的孩子身上。當孩子有不當的行爲，被媽媽糾正時，媽媽在心底會莫名其妙的期望自己的孩子能對生氣的她說：

「媽！妳不要生氣，我知道我錯了。請妳原諒我，下次我再也不敢了。我現在就去收玩具，妳不要生氣了，好不好？」

要知道這種話是大人說話的方式，不是小孩子說的話。有些父母親看多了這種電視劇，形成一種錯誤的印象，以爲別人的孩子都是那麼「懂事」、「乖巧」、「善解人意」。對自己的孩子越看越不順眼。

其實父母親自己要調整，孩子的學習、成長有不同的階段，千萬不要把電視連續劇的小孩當作期望標準。那絕對是個錯誤！

父母親因爲孩子沒有做出符合要求的事情，而暫時沒收孩子的某些玩具，這是一種行爲改變的方法。可以使孩子學會要做到父母親的要求，才可以再玩那個玩具。但是有些父母親會期待當他們沒收孩子的玩具時，孩子「應該」會有痛苦、難過、後悔的行爲表現。這種期待本身就是相當「不合理性的」。當孩子沒有出現相對應的那些行爲時，父母親會覺得失望，甚至會生氣。這更是莫名其妙！

我們要弄清楚，教養孩子是要教孩子學會做出適當的行爲，而不是滿足父母親的情緒宣洩。

如果孩子的玩具被沒收，很快他就能找到替代的玩具，而不會執著在那個被沒收的玩具上，這表示孩子適應能力很強，自我調適能力很好，情緒商數（EQ）很高，父母親應該覺得很高興才是。如果父母親原先期望孩子會痛苦、難過，結果孩子沒有這樣的表現，反而讓父母親覺得氣惱萬分的話，至少我們知道這個孩子比父母親的EQ更高，適應能力更好。

教養訣竅

父母親常看電視劇裡的孩子都是那麼「懂事」、「乖巧」、「善解人意」，而對自己的孩子越看越不順眼。這是父母親的誤解！

孩子的學習、成長有不同的階段，應該接納你的孩子本來的樣子，千萬不要把電視劇裡的小孩當作期望標準。

要怎樣收穫，先那麼栽

導言

我們要知道孩子說話的方式會反映出父母親對他說話的方式。孩子通常從父母親身上學到講話方式。

有的父母親講話很大聲，孩子不知不覺中也就模仿到大聲講話。有的父母親講話很快，孩子很自然地講話速度也就變得像開機關槍。

胡適之先生曾說過：「要怎樣收穫，先那麼栽。」教養孩子也是同樣的道理。父母親平日的表現，對孩子而言也是有樣學樣。因此，要教出怎樣的孩子，父母親就要先表現出那樣的行為。

情境

有一天朋友來訪，小娟的媽媽在客廳招呼。正在與朋友聊天時，小娟從房間走出來，跟媽媽說：「妳趕快給我果汁，還要加冰塊，不然我就不理妳喲！」媽媽一愣，覺得小娟怎麼這麼沒禮貌。繼而覺得很不好意思，因爲當著客人的面這樣表現，讓她覺得很沒面子。心中一股衝動，提高嗓門脫口而出：「妳以爲妳在跟誰說話啊?!我平常是怎麼教妳的?!妳怎麼都學不會呢？有客人在，要有禮貌！也不會跟林阿姨打招呼！再這麼沒禮貌，看我等一下怎麼收拾妳！」

小娟心不甘情不願地小聲叫了「林阿姨好！」就轉身進房間，把門關上。

過了兩天，媽媽在廚房忙著準備晚餐。聽到小娟對弟弟大聲的吼叫：「你以爲你是誰啊?!我跟你講過多少次，不准用我的削鉛筆機！你怎麼聽不懂啊?!你偷偷的用我的削鉛筆機，又不告訴我，一點禮貌都沒有！聽清楚，我再說一遍：不准用我的削鉛筆機！聽到沒有！」

小娟媽媽聽到小娟這樣對弟弟吼叫，心裡很不高興。本來想衝出去教訓小娟的，可是回頭一想，小娟剛才講話的口氣似乎是兩天前她對小娟講話的翻版。這才驚覺到原來自己示範了不當的講話方式與態度，小娟照單全收的學會了。

解析

上面例子裡小娟媽媽那種衝口而出的話，通常不但沒效果，反而有很大的副作用。一則孩子內心受到挫折、委屈，卻被壓抑下去，可能轉化爲其他不當的宣洩方式；二則大人這種講話的方式與態度，孩子會模仿學習，形成不當的說話方式與態度。

有時父母親起初不以爲意，認爲小孩子罵一罵沒關係。可是當有一天發現孩子竟然用自己慣用的罵人口氣罵弟弟、妹妹時，才會驚訝莫名，悔不當初。

要想教出有禮貌的孩子，父母親平常就要用禮貌的方式跟孩子溝通。孩子不知不覺中模仿父母親的講話方式，就變得有禮貌了。小娟的媽媽在那個當下，要把握兩個原則來對小娟做反應。第一，用禮貌的方式跟小娟說話；第二，說話的內容要簡明扼要。在做法上可以先走到小娟面前，蹲下來，兩眼注視著小娟，讓小娟也注視著媽媽，兩人保持目光的接觸。必要時，媽媽可以把雙手搭在小娟的肩膀上，以加強小娟把注意力集中到媽媽的眼睛上，但不要用力捏她。然後簡明扼要的告訴小娟類似下面這樣的話：

「小娟，我喜歡妳是一個有禮貌的孩子。記得要說『請』。妳應該說：『媽媽，請給我加冰塊的果汁。』還有，那是林阿姨，妳應該先禮貌的跟客人打招呼才對。」

避免用責罵的口氣，因爲那會示範不尊重、不禮貌的行爲。也要避免長篇大論，因爲妳說得越多，孩子越可能充耳不聞。我們要孩子學會適當的行爲表現時，只要清楚明確的指出我們要求的標準，並做示範就可以達到效果了。講太多只是在宣洩我們自己的情緒，或滿足我們自己的心理需求而已，對孩子的行爲塑造並沒有幫助。

教養訣竅

中國人講到教養孩子，都會對父母師長說一句話：「身教重於言教。」父母親的言行舉止不知不覺中都會被孩子模仿學習起來。這種潛移默化的效果相當強大，父母親平時跟孩子講話以及彼此間溝通的方式、態度、用字遣詞都要隨時小心，以免給孩子錯誤的示範，形成錯誤的學習。

我們要孩子學會適當的行為表現時，只要清楚明確的指出我們要求的標準，並做示範就可以達到效果了。避免用責罵的口氣，因爲那會示範不尊重、不禮貌的行爲。

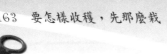

多用選擇題，少用是非題

導言

在輔導工作中，經常會接觸到一些孩子很有主見，也常見到孩子沒有主見或不敢表達自己的意見。父母親都希望能教養出活潑、開朗、自信、有主見的孩子，當然從小就要注意教養的方法。多提供做選擇的機會，可以培養出有主見的孩子。

情境

吃完晚飯，李太太今天準備有香蕉、蘋果、西瓜三種飯後水果。於是她問孩子小雄：「小雄，你要不要吃西瓜？很甜的喲！」

小雄皺皺眉頭，搖搖頭說：「我不要！」
李太太再說：「要不要吃香蕉？今天買的，很漂亮、很香喲！」
小雄還是搖搖頭說：「我不要！」
李太太又說：「你看我還買了蘋果，很好吃喲！我削一個給你吃吧？」
小雄還是搖搖頭說：「我不要！」
李太太連續被小雄拒絕了三次，內心有些不快，口氣不太好的問小雄：「你到底想要吃什麼水果?!」
小雄還是搖搖頭說：「我什麼都不要吃！」
李太太不悅的說：「不想吃？拉倒！人在福中不知福！以後沒東西吃，看你還挑不挑！」

解析

李太太既然準備了香蕉、蘋果和西瓜三種水果，問小雄想吃哪種時，應該用「選擇題」的方式，而不要用「是非題」方式來問。

問小雄：「你要不要吃西瓜？」「要不要吃香蕉？」「要不要吃蘋果？」都是「是非題」的問法。這種問法對孩子而言，只會讓他去想「要吃」或「不要吃」，思考、判斷的內在歷程都比較簡單。在訓練孩子運用思考、判斷、做決定的能力培養上，效果比較小。也很容易出現像上面這個例子裡的小雄，連續三次說「不要」的反應。還引得媽媽心裡不舒服。

李太太其實可以用「選擇題」的方式來問小雄。「今天我準備了香蕉、蘋果和西瓜三種水果，小雄，你想吃哪種？」這樣的問法，提供小雄多重選擇的可能性。小雄可以在三種水果中選擇一種、或任兩種的組合、或三種都要、或三種都不要。因此，提供小雄思考、判斷的內在歷程顯然要複雜許多。在訓練培養孩子運用思考、判斷、做決定的能力上，效果當然比較大。

如果李太太採用「選擇題」方式問小雄要吃哪種水果後，小雄經過思考、判斷，最後決定「都不要吃」的話。李太太就應該接納小雄的決定，而不要出現不悅的表情。

在許多家庭裡，父母親跟孩子講話，幾乎每天都會出現類似下面這樣的問話：

「小威，你要不要跟我們一起去看電影？」

「小美，妳是不是要現在去丟垃圾？」

「小明，趕快去做功課，不然明天你就不能出去玩了。」

上面的這種說法，都是用「是非題」的方式發問。孩子只能回答「是」或「不是」。我們改變一下問話的方式，可以給孩子更大的空間去思考，讓他有更大的抉擇的範圍，長期來看有助於培養他負責任的特質。我們不妨改變一下，參考下面的說法：

「小威，我們下午要去看電影，你要跟我們一起去？還是留在家裡？還是我們送你到姑媽家去玩？」

「小美，妳什麼時候去丟垃圾？要現在去呢？還是等一下吃過水果再去？」

「小明，你想什麼時候做功課？如果今天做完，明天就可以出去玩。如果今天沒有做完功課，明天要先做完才能出去玩。你想什麼時候做功課呢？」

教養訣竅

詢問孩子的決定時，父母親應該儘量運用「選擇題」的方式發問，而不要只用「是非題」的問法。採用「選擇題」的方式發問，可以給孩子更大的空間去思考，讓他有更大的抉擇的範圍，長期來看有助於培養他負責任的特質。

讓孩子決定他喜歡的吧！

導言

作父母親的給孩子買東西一定有這樣的經驗，孩子小的時候，沒有意見，父母親買什麼，他們就用什麼。

但是隨著孩子逐漸長大，他們的意見就越來越多。有時候父母親的考量與孩子的想法並不一致。在處理上，就格外要注意，否則常常會因爲一些小事情意見不合，而造成親子之間的不快甚至衝突。

情境

陳小強是個唸幼稚園大班的男孩。陳媽媽已經訓練小強能自己獨睡，只是每天早上起床都是陳媽媽叫小強起床。陳媽媽想再訓練小強能自己起床，而不必每天依賴媽媽叫起床。

有一天，陳媽媽在菜市場看到有賣鐘的攤子，擺放了許多各式各樣可愛造型的鐘。陳媽媽生肖屬兔，所以對兔子情有獨鍾。一時興起，挑了一個小白兔造型的鐘，準備給小強做鬧鐘。把玩著兔子造型的鐘，陳媽媽越看越喜歡。

小強放學回家，陳媽媽迫不及待的拿著小白兔時鐘跟小強說：「小強，你看這是我買給你的鬧鐘，以後你就可以自己起床了。你看這個小白兔好可愛喲！有長長的耳朵，粉紅色的鼻子，還有大大的眼睛。只要按下鼻子就會唱歌。你看！多可愛！」

小強看了兔子時鐘一眼，並沒有高興的樣子，只是淡淡的說：「我不喜歡。」

陳媽媽又說：「你看這個兔子時鐘是媽媽在市場精挑細選買給你的。做得很精緻，眞的很可愛。後面還有個小尾巴，跟前面的粉紅鼻子相對映，你看看不是很可愛嗎？」

小強還是淡淡的說：「我不喜歡。」

陳媽媽再說：「這個兔子鬧鐘鈴聲很好聽，會唱歌的喲！來，我放給你聽。」

小強還是那句話：「我不喜歡。」

陳媽媽有點失去耐性了。對小強說：「這個兔子時鐘是媽媽買給你做鬧鐘的。不管你喜不喜歡，明天早上鬧鐘響時，你就要起床！」於是，把兔子時鐘放在小強房間的床頭櫃上。

晚上陳媽媽發現不知什麼時候小強已經把兔子時鐘移到他們的房間床頭櫃上。陳媽媽有點生氣的跟先生說明事件的經過。

陳先生聽完，哈哈一笑，說：「妳既然要買鬧鐘給小強，當然要買小強喜歡的。妳自己喜歡兔子，就以爲小強也會喜歡。這樣的推論是一廂情願。這個星期天我們帶小強去買他喜歡的鬧鐘就好了，這個兔子鬧鐘就留著我們用吧！」

星期天陳先生、陳太太帶著小強去市場買鬧鐘。小強很高興的東挑西選，陳先生、陳太太站在後面對著各個鬧鐘品頭論足。結果，小強選了一個他們共同覺得最難看的櫻桃小丸子鬧鐘。

小強很喜歡那個櫻桃小丸子鬧鐘，常常去玩它。每天早上鬧鐘一響，小強就馬上起床。

解析

孩子自己使用的物品，還是由孩子自己決定比較好。

陳媽媽因爲自己的生肖屬兔，特別喜歡兔子造型的鐘，但是小強卻不喜歡。這是個人對自己用品的喜惡。陳媽媽試圖說服小強也喜歡兔子鬧鐘，無可厚非。可是當小強「溫柔而堅定」的多次表達不喜歡時，陳媽媽不耐煩的強制要求小強接受兔子鬧鐘，這種說服不成變強迫的處理態度就不合適了。

孩子不喜歡的東西，做父母親的應該予以尊重，除非父母親有經濟上、安全上或其他特殊原因的考慮。但是仍然要儘量的與孩子溝通。

我們可以牽一匹馬到河邊，但是我們卻不可能強迫那匹馬喝水。

當孩子可以選擇他喜歡的個人用品時，表示他的主見被大人接納，對孩子而言是相當正向的肯定，有助於他獨立自主的發展。

教養訣竅

基本上，孩子有自己的主見是值得鼓勵的。孩子對自己要用的物品有他的喜惡，作父母親的在經濟能力允許下，又沒有傷害性的話，就應該拋開自己的成見，尊重孩子的選擇，還是讓孩子決定他喜歡的物品吧！

尊重孩子的決定

導言

父母親提供某些機會讓孩子自己做選擇、做決定時，就應該要有尊重孩子的決定的心理準備。不管孩子的決定是否符合我們的期望，我們都要欣然接受。不要任意推翻孩子的決定。如果我們有原則性的要求，應該事先說清楚，讓孩子在做決定時有所依循，而不要等孩子做了決定後才予以否決。父母親堅定的信守承諾，等於給孩子做了最佳的自我負責的示範。

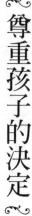

情境

吳小威是國小四年級的孩子。過年前，吳太太想給小威買一件新衣服。心想買小威的衣服應該由他自己挑選他喜歡的，於是在一個假日特地帶小威到百貨公司去買衣服。母子倆高高興興的逛到童裝部選購衣服。

媽媽：「小威，你喜歡買哪一件衣服？自己挑。」

小威：「我要那件橘色藍條的T恤。」

媽媽：「那件啊？不好吧！顏色太不搭調了。很難看。你再看看其他的樣式。」

小威雖然有些失望，但也不能說什麼，只好再去找其他的衣服。終於找到一件他還算喜歡的衣服。於是手指著那件衣服，跟媽媽說：「媽，我想買那件好了。」

媽媽走過去看了看標價，對小威說：「這件衣服太貴了，買這一件的價錢，可以買別的三件。我看你還是另外再挑選別件吧！」

小威再度失望，情緒已經受到影響，不愉快的感覺油然而生。但也只好再去看看別的衣服。

第三次小威看上了一件他還算滿意的衣服，可是尺碼太小，媽媽請店員去找大一點的尺碼，可是都已經賣完了。小威覺得還可以穿，但是媽媽認爲衣服應該買大一點的，可以穿得比較久。因此，再度否決了小威的意見。

這時小威已經忍無可忍，三次的挫折讓他生氣了。

媽媽突然看到一件不錯的衣服，對小威說：

「小威，你看那件藍底白字的衣服怎麼樣？」

小威沒好氣的說：「土死了！我不要！」

媽媽一聽小威的口氣很不好，內心很不舒服，也沒好口氣的對小威說：

「你這個孩子怎麼這麼古怪？買衣服當然要考慮顏色搭配的問題，也要看看價錢，還要考慮到不能買太小的衣服，對不對?!我看就那件藍色的好了。」

小威：「我不要！妳說讓我自己挑，結果還不是妳決定的。我才不要！」

媽媽：「你這個孩子意見這麼多！算了！不買了！讓你過年穿舊衣服好了！」

小威：「穿舊衣服就穿舊衣服！有什麼了不起！是妳自己不講信用！」

媽媽：「你敢再頂嘴試試看！」

解析

父母親想買衣服給孩子，當然要挑好看的衣服。問題就出在「好看」的標準是什麼。父母親認爲好看的，孩子可能覺得很難看。孩子認爲好看的，父母親可能覺得很醜。

父母親除了考慮好看之外，可能還考慮到耐用與否、布料材質如何、價錢是否負擔得起、尺碼是否合適等等的問題。這些考量其實都是蠻重要的，只是孩子在買衣服的當下，可能無法理解。若要強制孩子接受父母親的意見，又會弄得親子關係緊張，最後可能變成不歡而散。

這樣的情況要如何避免呢？父母親應該在事前先與孩子溝通好，有關好看的標準該如何認定、買衣服的預算多少錢爲限、尺碼要多大才合適等。這些標準能事先與孩子取得共同的認知，或得到彼此的認同，之後才去買衣服，就可以避免類似上面情境的困擾了。

如果事先沒有與孩子溝通好這些問題，在買衣服的現場，父母親既然答應過孩子讓他自己選他喜歡的衣服，就應該說到做到，眞正的讓孩子自己決定他喜歡的衣服。父母親所考慮的那些問題，不宜在當場提出，否決孩子的意見，掃孩子的興。應該等到下次給孩子買衣服前，再做溝通比較適當。

教養訣竅

買東西給孩子前，父母親的所有考慮事項，應該事先與孩子溝通好。不宜在當場提出異議，否決孩子的意見，掃孩子的興。父母親當場應該接納、尊重孩子的決定，信守對孩子的承諾。有不同的意見與考量應該等到下次有機會時，再做修正。

這是誰的問題？

導言

父母親教養孩子有時會操之過急，有時會撈過界越俎代庖，有時孩子不急，急死父母親。其實父母親管教孩子時，應該先冷靜下來想一想，我們要改變孩子的行爲究竟是孩子的問題，還是我們的問題？如果是孩子的問題，理當由孩子自己去想解決的方法，我們至多是扮演從旁協助的角色，提供必要的資源。如果是我們的問題，要孩子配合我們而改變，就有點說不過去了。

所以教養孩子應該先考慮清楚「這是孩子的問題？還是父母親的問題？」然後才採取適當的行動。

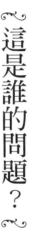

情境一

媽媽：「小威，吃飯了，快點來吃。」

小威：「我不餓。」

媽媽：「不餓也要吃！小孩不吃飯，身體搞壞了怎麼辦？」

小威：「我現在不餓，不想吃！」

媽媽：「你這個孩子是怎麼了？給你弄吃弄穿的還不是爲了你好！你怎麼這麼不知好歹?!」

於是一場驚天動地的親子衝突火爆展開。通常結局是不歡而散，父母與孩子兩敗俱傷，沒有一個是贏家。

情境二

媽媽：「小威，你的日記還沒有寫。今天功課沒做完喲！」

小威：「我要睡覺。不然明天會起不來，上學會遲到。」

媽媽：「你剛才還在看卡通影片，都沒有寫功課。你不想寫日記了，是不是？」

小威：「寫日記要花很長時間，明天早上起不來，會遲到啦！媽媽，妳先簽名嘛！」

媽媽：「功課沒寫完不能睡覺，我要你寫完功課才能在家庭聯絡簿上簽名。現在去寫日記，越早寫完可以越早睡覺。」

小威：「媽媽，寫日記會花很多時間的，妳知不知道？」

媽媽：「你預計要花多少時間？」

小威：「至少要半個鐘頭。」

媽媽：「好！你現在馬上去寫日記，半個鐘頭後拿來給我看。我看了你寫的日記之後才會在聯絡簿上簽名。」

小威無奈地只好乖乖去寫日記。半個小時後，把日記拿給媽媽看，媽媽滿意地說：「嗯！這樣就對了！你的功課都完成了，我可以簽名了。你現在可以去睡覺了。」

解析

第一種情景經常出現在家庭裡，只是換成不同的腳本上演而已，過程與溝通的模式如出一轍。冷靜下來想一想，肚子餓不餓自己最清楚，孩子不餓，硬要他吃飯，何苦來哉？等他餓了，自然會找東西吃的。如果要教孩子「定時定量」吃飯，只要正式宣告「我們晚飯時間是七點到七點半。過了時間飯菜就會收起來，沒有飯吃了」，然後堅定的執行即可。不必逼孩子現在一定要來吃飯！再回頭想想，我們做父母親的自己又何曾能做到全然「定時定量」呢？

父母親要先弄清楚問題是誰的？肚子餓是孩子的問題，不是父母的。我們過度操心，反而成了多管閒事。孩子現在不餓，不必勉強，等他覺得餓的時候，自然會找吃的，如果我們要訓練他過了吃飯時間就沒有飯吃，只要堅持那時不再給他弄吃的了就可以了。孩子可能挨餓或者自己想辦法解決。這樣的處理自然能夠讓孩子學會「爲自己的決定承擔後果、負起責任」。

同樣道理，在第二種情境裡，寫功課是孩子的事，但是在家庭聯絡簿上簽名卻是父母親的事。所以，父母親只要溫柔而堅定的要求孩子完成所有功課，才能簽名，就可以了。孩子想要賴不寫日記，情境二中的媽媽處理得很得當，溫柔而堅定的要求孩子一定要完成日記之後才簽名。

當然孩子在寫日記時，如果有困難，父母親應該從旁協助孩子，給他一些引導，讓他學會如何寫日記。但是千萬不要替孩子寫，更不要父母親口述，孩子聽寫。這樣的做法就越俎代庖了，會妨礙孩子的學習。因爲寫功課是孩子的事。

教養訣竅

孩子該完成的事情，就應該由孩子自己去完成。父母親要謹守分際，避免越俎代庖，以免剝奪了孩子學習的機會。

知錯能改，無需羞愧

導言

「人非聖賢，孰能無過」，我們都知道人會犯錯。小孩子在成長的過程中，難免會經常出錯，再從錯誤中學習正確的行爲。當孩子犯錯時，父母親的處理方式會直接影響孩子的學習結果。在生活中有太多的父母親因爲處理不當，造成孩子錯誤的學習，甚至造成孩子的傷害。父母親面對孩子犯錯時要如何處理，不可不愼。

情境

李太太是我主持的親職教育研習班的學生。

有一天李太太開車帶著五歲大的孩子小培去洗車。洗車的時候，李太太就在洗車廠附設的販賣部裡看看雜誌，小培也在裡面隨處逛逛。等洗完車，李太太就帶小培開車回家。回到家李太太才發覺小培正在玩著一個模型小汽車。李太太清楚記得她不曾買過那樣的小汽車給小培，一個令她震驚的念頭閃過腦海：「莫非是小培在洗車場裡偷的。」

小培以前從來沒有發生過這種偷東西的事，李太太又生氣、又心慌。看著小培開心的玩著小汽車，一副無邪天真又滿足快樂的模樣，李太太遲疑著不知所措，內心很擔心小培現在就會做小偷，將來豈不變成大偷，甚至可能變成強盜，那還得了。現在到底該怎麼辦才好？她十分煩惱，也沒了主意。晚上，李太太避開小培，到房間裡打電話給我，問我該怎麼辦才好？

解析

我先了解整個事件的經過，並確定這是小培第一次發生偷東西的情形。然後我建議李太太在處理上要把握幾個原則：

第一，處理時不要生氣或大驚小怪，以免自己的態度嚇到孩子。因爲他不是故意偷拿的。

第二，只要心平氣和的告訴小培：「小汽車是洗車場阿姨的，我們沒有付錢，就把它帶回家是不對的，應該要還給阿姨。沒有得到別人的同意就把東西拿走是錯誤的行爲。」這樣的教導可以讓孩子學到正確的觀念，耐住性子，平心靜氣的溝通，讓孩子接受並產生認同，才會有效果。如果用大聲喝斥，或兇惡的教訓，孩子可能表面不敢違抗，其實內心並沒有接受，也是枉然。當然也不能嘻皮笑臉，用像開玩笑的方式來教導。

第三，把小汽車收起來不能繼續給小培玩，以免孩子學到錯誤的觀念：「只要我先拿了喜歡的玩具，即使明天要歸還，至少今天還可以玩到。」如果小培吵著要玩，只要重複對他說：「這個小汽車是阿姨的，不是我們的，明天要還給阿姨，所以不能玩。」

第四，一定要親自帶小培一起去洗車店，當著小培的面把小汽車歸還給店員。爲的是讓孩子清楚知道：「不屬於我們的東西，一定要還給人家。」

第五，在歸還小汽車時，不宜當場付錢給店員，把小汽車買給小培。以免小培錯誤學習到：「只要先把喜歡的玩具放進口袋，媽媽就會買給我。」如果小培眞的喜歡那個小汽車，也要隔兩個星期後再買給他。用時間的間隔沖淡這種錯誤的學習。

第六，如果店員覺得小培很乖，要拿小禮物（如：糖果、小卡片或小貼紙等）給小培，讚賞他誠實的行爲的話，應婉轉謝絕。以免孩子以爲只要先把小汽車放到口袋裡，就可以得到這些獎品，造成錯誤的獎勵。

第二天李太太就照著我的建議帶小培去洗車場，把小汽車還給販賣部的阿姨。之後，她很高興的打電話給我，告訴我一切都很順利。小培不但沒有吵鬧，還自己把小汽車還給販賣部的阿姨。那位店員蠻訝異有這樣的母親會帶孩子去還東西，也很高興的拿糖果給小培，李太太也婉謝了。

培養孩子知錯能改的態度是一種負責的表現。但在處理上要注意避免造成孩子對自己犯的錯誤產生「羞愧」的感覺。因爲「羞愧」會斲傷一個人的自尊與價值感，使人覺得自己低人一等，覺得自己是沒有價值的人，使人喪失自信與自尊。

教養訣竅

一個負責任的人一定是個自信而且有自尊的人。所以父母親在教導孩子修正錯誤行爲時，要分開行爲與人，不能兩者混淆。孩子的行爲有錯誤，並不代表孩子沒有價值。孩子難免有犯錯的機會，犯了錯只要改正就可以了，不要使孩子以爲犯了錯就代表他是沒價值的人。

你好棒！會幫忙做家事

導言

教養孩子幫忙做家事是很重要的一件事，父母親不能輕忽或荒廢。現代父母親由於生的孩子數越來越少，每個孩子都是寶貝，深怕他們吃太多苦，也不願意孩子再過父母親以前過的苦日子。再加上孩子成長過程中要學習的東西太多，父母親又怕孩子輸在起跑點上，因此，只要孩子好好唸書，就心滿意足了，至於做不做家事，許多父母親並不那麼在意。

即使有父母親重視孩子做家事，但是看到孩子笨手笨腳的樣子，會又急又氣，往往過於熱切指導，或覺得孩子做得不如己意而嫌東嫌西。最後，弄得孩子心裡老大不舒服，不願意幫忙做家事。

因此，如何引導孩子願意幫忙做家事，對父母親而言是很重要的工作。

情境

媽媽：「小威，媽媽在廚房忙著做晚餐。你幫忙把餐廳地上掃乾淨，然後把餐桌收拾一下，擺好碗筷準備吃飯。」

小威本來正在看漫畫書，聽媽媽交代工作，於是放下書本，很快地掃好地，擺好碗筷，然後繼續看他的漫畫書。由於急著看漫畫，掃地當然沒有很用心、仔細的掃。

媽媽把飯菜端上餐桌。順便看看小威掃地的情形，發現還有些地方掃得不乾淨，心裡雖然有股衝動，想立刻糾正小威。可是想到要培養孩子做家事的習慣，不能太急，於是耐住性子，跟小威說：「你把餐桌碗筷擺得很好，地也掃得不錯，能幫媽媽分擔家事，眞謝謝你！」小威聽了，也覺得很得意。

第二天，媽媽再度請小威幫忙準備餐桌並掃地。這次媽媽特別事先提醒小威，掃地時要注意牆角的蜘蛛絲要掃乾淨。小威做完，媽媽檢查結果發現今天小威掃地比昨天進步了許多，牆角的蜘蛛絲都有掃乾淨。媽媽很高興，又稱讚了小威。並且在稱讚之後，還加上一句：「有你這個小幫手眞是太好了！」小威更是得意。以後掃地及準備餐桌的工作，就變成小威很樂意去做的事了。

解析

孩子是家裡的一份子，幫忙做家事當然是應該的。父母親應該從孩子小的時候，就開始根據孩子的能力，培養他做家事的習慣。孩子幫忙做家事至少有四個意義：

1. 養成孩子勤勞的習慣。
2. 培養孩子對工作的責任感。
3. 增加孩子對家的歸屬感與一體感。
4. 從做家事中學習工作技能，得到成就感。

當有機會請孩子幫忙做家事時，父母親記得事後要謝謝孩子的協助，並且指出他做得不錯的地方，讓他覺得他的幫忙是有價值的。例如：請孩子打掃院子、請哥哥照顧弟妹、請孩子協助洗車等等。都要在事後讓孩子覺得有價值。

千萬要避免對孩子說：「嗯！你眞的很努力的做了。如果你早點做，不是更好嗎？不聽老人言，吃虧在眼前！」或者說：「你能幫忙吸地毯，我很高興。不過，拜託你以後要吸乾淨一點，尤其是角落的地方。做事不要馬馬虎虎的！」這種說法都會讓孩子搞不清楚到底爸爸媽媽是讚美他？還是責備他？也無法讓孩子覺得他協助做家事有什麼價值感。

要培養孩子的責任感，應該從小就養成孩子幫忙做家事的習慣。如果有兄弟姊妹，要注意適當的分配每人承擔的家事工作內容，使他們覺得「公平」，甚至可以設計「工作輪調」。

讓孩子分擔家事可以增進孩子對家庭的歸屬感與責任感，使他覺得他是家庭裡的一員，在家中有他的地位與貢獻。舉凡整理房間、整理院子、吸地毯、清理餐桌、洗碗筷、清理垃圾、洗車子等，都可以設計成孩子可以做的家事項目。

教養訣竅

請孩子幫忙做家事時，父母親記得事後要謝謝孩子的協助，並且指出他做得不錯的地方，讓他覺得他的幫忙是有價值的。孩子對工作成果有價值感時，他會樂意繼續去做。久而久之，會培養起責任感來。

如果孩子做家事不能符合父母親的期望標準，不要當場糾正孩子，寧可等第二次再做那份家事時，事先指導他怎麼做才適當，效果會更好。

鼓舞孩子愛人、助人

導言

教導孩子愛人與助人是父母親教養孩子不能忽略的課題。當發現別人需要幫助時，要能主動適時伸出援手。現在的孩子物質生活條件越來越好，加上大人的寵愛，常常強化了孩子的自我中心現象。分享、愛人、助人、同情心、惻隱之心、人飢己飢、人溺己溺等的情懷是個人生活在社會中所不可或缺的品德，父母親應該更加注意培養孩子這方面的特質，才能幫助孩子在與別人相處的課題上得到更好的發展。

情境

有一次，在美國的一家麥當勞的遊樂場，有許多小朋友在裡面玩耍。大人們都只能站在遊樂場外面，隔著一個繩網看著他們的孩子在裡面玩。因爲大人是不能進入兒童遊樂場裡面的。

我看到一位個子蠻小的中國小男孩，在遊樂場裡面，努力的想爬上一個平台，可是因爲個子太矮，再怎麼努力也爬不上去。他試了又試，還是沒辦法爬上去。臉上露出又急又氣的神情。

這時候有一位比較大的外國小女孩發現了這個小男孩的困境，主動過去幫忙，拉著他的手，幫他爬上平台。在這個過程中，我看到小女孩的父親在遊樂場外面隔著繩網指導小女孩如何幫忙小男孩：「要注意！要小心！用兩隻手……要抓住手臂，不要只抓手腕……輕一點……嗯！很好！妳做得很棒！」

小男孩在小女孩的幫助下爬上了平台，很高興的在上面玩。小女孩也跑開自己玩自己喜歡的遊樂設施。可是我注意到她在玩耍的同時，還不時地轉頭看看小男孩，注意著小男孩的舉動。

過了一會兒，小男孩想要從平台上下來，卻不知道怎麼下來。正在著急苦惱時，那個小女孩看到了，立刻趕過去幫忙扶著小男孩讓他安全的下來。小女孩的父親站在繩網外面，看著小女孩的表現，露出滿意的微笑，還不時地稱讚著小女孩做得很好。

之後，小男孩的父母親特別謝謝那位小女孩的父親。我想這位小女孩是個懂得愛人的人，這也是因爲她的父親的教導方式所造就的成果。

解析

有的父母親碰到這種情況，會制止自己的孩子去幫助別的小孩子。因爲萬一不小心在幫助的過程中，讓別的小孩子摔倒了，很可能會招致那個孩子的父母親的責難。爲了避免這樣的結果，乾脆叫自己的孩子不要多管閒事。可是，這種教養的態度會使孩子學到自私與冷漠，沒有愛心，不會關心別人，更不懂得如何關心別人。我們會希望自己的孩子變成這樣的人嗎？

上面情境中的那位外國小女孩的父親很令人敬佩。我相信在他內心一定做過評估：教導孩子如何關心別人、幫助別人，比教導孩子明哲保身、少管閒事更重要。因此，他鼓勵小女孩幫助別人，還指導正確的協助方法。當孩子做得很好時，給予讚美稱許。這樣的父親當然會增強孩子表現出樂於助人的行爲，而且從一次次成功助人的經驗中，小女孩自然會累積更圓熟的助人技巧。

當然我也在想萬一那位小女孩在幫小男孩爬上平台時，不小心讓小男孩跌倒的話，小男孩的父母親會怎樣反應呢？如果他的父母親責怪小女孩不小心害他們的孩子跌到，甚至要小女孩的父親賠償損失的話，就表示這樣的父母親是很不明理的人。如果他的父母親不但不責備小女孩，甚至安慰小女孩「沒有關係」，鼓勵小女孩這種樂意主動助人的行爲的話，就表示這樣的父母親是很明理的。明理的父母親會造就成熟而明理的孩子。

人活在社會上，不能只顧自己，不顧別人。發揮自己的所長，主動幫助需要幫助的人，才能夠使這個社會更和諧、更美好。培養孩子這種主動關懷他人的胸襟，要從小做起。

教養訣竅

教導孩子懂得愛人、關心人，主動幫助人，並且愛護小動物，愛惜生命，可以培養起孩子負責任的態度來。

不是我！不是我！

導言

孩子成長的過程中，難免會出現闖禍的行爲。當孩子闖禍時，有的父母親覺得很煩惱，也有的父母親覺得生氣，總覺得孩子經常給他們出狀況，讓他們提心吊膽，不知道什麼時候又會出什麼差錯，要他們來收拾、善後。

事實上，我們都知道，孩子闖禍在所難免，父母親如果能夠把孩子闖禍的時候當作是孩子學習的機會，讓孩子從闖禍中學習到適當的好行爲，把原先是麻煩的問題轉變爲積極良好的成長。這就要考驗父母親的智慧、情緒管理與創造力了。

情境

同事老李有一天帶他的孩子小強來辦公室。小強是個幼稚園大班的小男孩，長得活潑、可愛，同事們都很喜歡他。小強也很有禮貌，會跟辦公室裡的叔叔、阿姨們打招呼。

在辦公室進門大廳櫃台旁邊有一組沙發椅，沙發椅旁靠牆邊有一個開放式的展示櫃，上面放著一些別的機構或個人送我們的感謝牌、紀念品及裝飾的小玩偶，在展示櫃最上一層擺放著一排「神奇寶貝」的小玩偶。展示櫃旁邊擺放著一個高架的盆景。

小強一到辦公室，很開心的跑來跑去，因爲他很喜歡跟爸爸來辦公室玩。一會兒後，老李要小強坐在沙發椅上看他的故事書，不要打擾其他叔叔、阿姨。小強很聽話，靜靜地坐在沙發上看書。同事們都覺得小強是個很乖的孩子。

看了一陣子書，小強覺得有些無聊，四處東看西看，突然發現展示櫃最上層的「神奇寶貝」玩偶，那正是他喜歡的。於是，他搬了一把椅子放在展示櫃前，爬上椅子，想自己去拿「神奇寶貝」的玩偶。可是一不小心，碰到了櫃子旁邊的高架盆景，盆景重心不穩，立刻翻倒，發出很大的一聲「碰！」

辦公室的同事們全部抬頭，大家的眼睛全都盯著站在椅子上的小強看。小強也被盆景倒下去的聲音嚇了一跳，又看到所有辦公室的叔叔、阿姨都張大眼睛看著他，顯得有些慌張，老李立刻站起來，大聲斥責：「小強！你幹什麼！你又在搞破壞了！」只見小強張著驚慌失措的大眼睛，連忙在胸前搖動雙手，說：「不是我！不是我！」

同事們彼此互看，露出會心的微笑。大家心裡都在想：「明明就是你，還睜著眼睛說瞎話！」只是大家看到小強的反應，覺得很有趣。老李一邊跟同事們道歉，顯得很不好意思，一邊又生氣地把小強抱下椅子，還邊罵著小強老是給他添麻煩。趕緊扶起倒下的盆景，把地上的泥土掃起來。小強則畏縮的低著頭站在牆邊挨罵。

解析

小強在不小心碰倒盆景後，發現辦公室的叔叔、阿姨們都在看他時，慌張的說：「不是我！不是我！」從這樣的反應，可以推想平時小強在家裡如果闖禍的話，下場一定是被罵或被打。爲免受罰，學會了先否認再說的行爲。

如果父母親在孩子闖禍之後，不急著先處罰孩子，教導孩子先說：「對不起，我不小心，做錯了！」然後教導孩子做善後的處理。當孩子善後處理好之後，給他稱讚。這種教導的方法可以逐漸培養孩子坦然承認錯誤，並且自我負責處理善後。

就以上面的情境爲例，小強的爸爸其實可以改變一下反應，效果會很不一樣。

首先，爸爸不要生氣，以同理心去體會小強的心情與想法。走到小強身邊，溫柔地跟小強說：「你想要拿神奇寶貝玩偶，不小心碰翻了盆景，是不是？你自己也嚇了一跳，覺得很緊張，對嗎？」孩子聽了這番話，知道爸爸眞的很了解他，內心會覺得很安慰，緊張情緒會紓解大半。

其次，爸爸可以跟孩子說：「你先小心從椅子上下來，然後跟叔叔、阿姨們說：對不起！我不小心弄翻了盆景，吵到你們了，我會把它清理好的。」等孩子對叔叔、阿姨們說了道歉的話之後，再跟小強說：「把盆景扶起來，地上有些泥土，要掃起來。掃把、畚箕在後面儲藏室，你去拿來，自己清理一下。有沒有問題？」

等小強完成復原及清掃工作後，給他稱讚。

這樣的處理方式，可以使小強學會用更成熟、更積極、更負責的態度來面對自己所闖的禍，形成更具建設性的結果。

教養訣竅

當孩子闖禍時，父母親與其生氣的責備孩子，倒不如指導他如何善後，讓他從善後的處理過程中學習到以積極、負責的態度來面對自己闖的禍。

生命誠可貴

導言

培養孩子有溫柔的愛心，在孩子的成長過程中是很重要的一課。我們要適時地教導孩子尊重別人、愛惜生命、愛護小動物，任何生命都應該得到珍惜，哪怕是一隻螞蟻、一隻蜻蜓、一條蚯蚓、一隻蟋蟀都是生命，不能隨意踐踏。

有時候因爲孩子的疏忽或無知，造成其他生命的受傷或死亡，這時候父母親如能掌握機會教育，不但能培養孩子體諒的心，甚至能引導孩子珍惜自己所擁有的，而心存感謝。

情境

小發唸國小三年級，是個快樂、活潑又有人緣的孩子。有一天，從學校帶回來一隻剛出生沒多久的小鴨子。他把一個原來裝玩具的厚紙板的箱子清空，在裡面放了些衛生紙，給小鴨子住。怕小鴨子冷，還找了件舊衣服鋪在角落，好讓鴨子睡在上面。

爸爸下班回家，看到紙箱裡有隻小鴨子，爸爸很好奇問：「這隻鴨子哪裡來的？」小發說：「那是同學小朱的，他說要借我養三天。」爸爸半信半疑，特地打電話去小朱家，確認小發沒有說謊。爸爸心想：這也不錯，孩子可以藉此機會學習如何照顧小動物。於是對小發說：「你知道怎麼照顧小鴨子嗎？」

小發：「我知道，小朱跟我說過了，很簡單。」

爸爸：「你說說看，你要怎麼照顧這隻小鴨子？」

小發：「晚上天氣冷，我們需要去買個小燈泡，點亮給小鴨子取暖。還要準備兩個小碟子，一個放水，一個放稀飯，這樣小鴨子才不會餓不會渴。」

爸爸滿意的微笑著點了點頭，就帶著小發去雜貨店買燈泡。小發還請媽媽幫忙煮稀飯，爲了小鴨子，當晚全家人就吃稀飯。

小發忙了一個晚上，總算把小鴨子的「家」搞定，他坐在紙箱旁邊，照顧著小鴨子，眼神中流露出愛憐之情。爸媽看到小發這麼起勁地照顧小鴨子，心中也覺得很高興。

第三天，爸爸下班回來，看見紙箱子裡的小鴨子不見了。馬上問小發：「鴨子呢？」

小發睜大眼睛神情緊張地回答：「我……我也不知道。」

爸爸馬上察覺不對勁，嚴肅的問：「早上小鴨子還好好的，現在怎麼會不見？你老實說，發生了什麼事？」

小發畏縮地小聲說：「鴨子死掉了。」

爸爸驚訝地說：「啊！你告訴我，你做了什麼？好端端的小鴨子怎麼會突然死掉呢？」

小發：「我看卡通裡的鴨子都會飛，下午放學回家，我就想訓練牠飛，把小鴨子丟到空中，牠有拍動翅膀，但是沒有飛起來。我只訓練了三次，沒想到牠就不動了。」

爸爸聽了覺得又好笑、又好氣。於是對小發說：「小鴨子才出生沒多久，翅膀還沒長好，是不可能飛的。你訓練牠飛，等於是把牠給摔死了。當然這是因爲你不知道，而不是故意的。」

小發垂下頭，很是懊惱。爸爸看他那副難過的樣子，也不忍心再多責備他。於是接著問小發：「現在鴨子死了，你要怎麼還同學呢？要不要先打電話問小朱要怎麼賠償他的損失呢？你可以用你的零用錢來賠。」

小發撥了電話，跟小朱說明鴨子死掉了的事情，並問他要怎麼賠償。結果小朱說：「既然鴨子死了，那就算了，不用賠了。」

小發一聽小朱說不用賠，心情突然輕鬆下來，好高興地跟爸爸說：「小朱說不用賠！」

爸爸心想這是一個讓孩子學習尊重生命的好機會。於是接著問小發：「現在鴨子在哪裡？」

小發：「我把牠丟到垃圾桶裡了。」

爸爸：「生命很重要，你因爲無知而害死了小鴨子。你想，假如你是小鴨子的父母親，會不會難過呢？小鴨子還沒長大，就因爲你的無知而死了，牠會不會很哀怨、很不甘心呢？」

小發沈默不語，表情又變得沈重起來。

爸爸：「你是不是應該寫一封信向小鴨子道歉。」

小發：「可是，鴨子已經死了，爲什麼還要寫信？」

爸爸：「雖然小鴨子死了，可是牠如果知道你很後悔，很懷念牠，牠會原諒你的。」

小發默默無語拿出紙筆，寫了一封信給小鴨子，爲自己的無知行爲向牠道歉。

爸爸看過那封信後，滿意的點點頭，接著說：「小鴨子收到這封信，心情一定會比較舒服些。可是，這樣還不夠，生命很可貴，小鴨子不能丟到垃圾桶。等一下我帶你去河堤邊，挖個坑把牠埋葬！」

解析

從上面的情境描述，我們知道孩子的無心之失，使小鴨子冤枉而死。孩子會碰到三個問題有待解決：

1. 鴨子是跟同學借的，要如何賠償？
2. 如果同學要求賠償，孩子沒有錢的話，怎麼辦？
3. 鴨子無辜的死亡，會給孩子在心理上造成遺憾、難過、歉疚的情緒，該如何紓解？

爸爸的處理方法相當不錯。首先，要孩子打電話向同學道歉，詢問如何賠償，以表示負責的態度。如果同學要求賠償，而孩子沒有零用錢，或零用錢不夠的話，父母親可以視孩子的能力，提供一些工作機會，讓孩子賺一些零用錢去賠償同學的損失。

在處理孩子心理上遺憾、難過、歉疚的情緒時，責備、打罵都不合適。

小發的爸爸要孩子透過寫信向小鴨子道歉，以及把小鴨子埋葬等動作，讓孩子的歉疚心情得以紓解。這是個很好的處理方式。

教養訣竅

當孩子的行爲造成別人的損失，應賠償別人的損害並誠心致歉。這種將功贖罪的方式，可以讓犯錯的孩子心裡比較舒坦，又學到自我負責的態度與做法，父母親也會因他出現積極負責的好行爲而從生氣變爲滿意。

愛之適足以害之

導言

我曾經參與籌辦過暑期的夏令營，營隊設計成三天兩夜的活動。從小學到大專分階段舉辦二十八個梯次，共有七百多位學員報名參加。在營隊中，我看到許多親子關係的問題，感慨良多。

天下父母親都愛自己的孩子，可是愛得不得法，就可能反而妨害了孩子的成長。愛的本身令人感動，但是愛的方法是否適當，就值得斟酌了。

情境

有一位母親替她的兒子報名參加我們舉辦的暑期「新人際EQ營」。她的兒子是小學五年級的學生。這位母親在報名時，很詳細的詢問營隊課程及生活情形，甚至表示要去營隊探視孩子，顯然是個非常關心孩子的母親。

學員報到時，我特別注意那位小朋友，發覺他身材非常胖。營隊第一天晚餐時，我還去關心他吃得如何，他告訴我他吃了五碗飯，我心想食量眞大。飯後他還不停的吃零食、喝飲料，當然花的錢也多。

第二天，他的母親來營隊探視孩子的生活情況。她一進宿舍大門就開始抱怨宿舍太熱，孩子怎麼受得了？還建議我們辦營隊活動應該要找宿舍有冷氣的地方。她說：「我的孩子很胖，怕熱，所以每天二十四小時都讓他吹冷氣。」

宿舍門口有個福利社，她看到福利社裡面有賣各種飲料、零食及速食麵，她就開始當著孩子的面大聲咆哮，說：「福利社怎麼可以賣這些垃圾食物？你們只能賣礦泉水及牛奶，其他的食物都不可以賣！」

我觀察孩子對他母親的反應是無動於衷，根本不理睬母親，甚至母親要給他搧扇子，他也一把推開。只伸手向他母親要零用錢。

這位母親一面抱怨營隊設施，一面拿錢給孩子，同時告訴孩子說：「你不可以吃亂七八糟的東西，不然你會更胖。」孩子根本不理她，拿了錢自顧自的跑開了。

另外一位學員的母親也來營隊探視她的孩子。見到滿頭大汗、活力充沛的孩子，只問孩子：「好不好玩？」孩子說：「好玩！」母親再問：「累不累？」孩子說：「不累！很熱，但是很好玩。」母親說：「多流點汗比較好，身體會比較健康，記得要多喝水。」孩子一邊說：「沒問題！」一邊又跑去跟同伴們玩了。母親看著跑遠的孩子，露出滿意的微笑，同時對工作人員稱謝，感謝我們對孩子的照顧與教導。我覺得這位母親與孩子所表現出來的，是一幅健康的家庭畫面。

解析

上面情境中的兩位母親是個強烈的對比。前面一位母親與孩子的關係顯然是有問題的。母親知道孩子太胖，必須節制飲食。可是，母親想到的解決辦法只是一味的責備別人，要求福利社不可以賣垃圾食物，只能賣礦泉水及牛奶。她的想法是：福利社買不到垃圾食物，我的孩子就不會吃那些會發胖的東西，就能夠控制體重了。

這種「外在歸因」式的反應，教導孩子學會不必負責，也不必自我約束。其實，福利社賣的東西只要衛生又不危害孩子健康，我們就應該教導孩子如何判斷、如何選擇適合自己的零食與飲料。維護自己的健康是自己的責任，不是福利社的責任。做父母親的不在這方面增強孩子的判斷與自我控制能力，反而去要求福利社不准賣那些她認為對孩子不好的東西。這好比要把孩子放在溫室或無菌室裡養大。長久下來，孩子沒有判斷能力，沒有自我控制能力，這位母親又怎能保證她能永遠給她的孩子她所認定的清純的環境呢？將來孩子要如何面對更複雜的社會環境？如何克制自己不被更多的誘惑所征服？我覺得這個孩子的未來充滿了危機，因為他是個沒有抵抗力的孩子。

孩子太胖，稍微運動一下就會流汗。看在母親的眼裡，十分心疼。於是要求我們辦營隊活動應該找宿舍有冷氣的地方。母親心疼孩子怕熱、流汗，這是母愛的流露，無可厚非。然而，夏天讓孩子多運動、多流汗，對孩子而言不是更有益健康嗎？如果讓孩子吹冷氣，從早吹到晚，反而無法培養孩子強健的體魄。父母親在心疼孩子流汗、吃苦的時候，應該仔細想一想到底怎樣的安排與照顧才是眞正的幫助孩子？

教養訣竅

父母親應該注意增強孩子的判斷能力與自我控制能力，才能達到節制飲食避免過胖的問題。不要以爲把孩子放在溫室或無菌室裡養大，孩子就會有幸福快樂的未來。在父母親過度保護之下，孩子沒有培養起足夠的判斷力與自制力，變成一個沒有抵抗力的孩子，吃苦是在未來。做父母親的千萬不要犯了「愛之適足以害之」的錯誤。

逐漸採用「原則」管教孩子

導言

讓孩子學會負責任，父母親要隨著孩子的成長，逐漸減少對孩子的「控制」，改用「原則」來管教孩子，讓孩子有更大的自由度，去嘗試各種外界的事物。例如：要外出去公園玩，孩子可以自己選擇他喜歡的衣服。父母親可以先給孩子選擇衣服的原則是「耐髒」。讓孩子在他的衣服中找出他又喜歡、又耐髒的衣服來穿。不要等孩子已經選好他喜歡的衣服時，父母親才加入意見，推翻孩子原先的選擇。所以，「原則」要先講，不宜臨時加入。

情境

媽媽看到女兒小英最近表現很好，決定給女兒買玩具做爲獎勵。於是對女兒說：「小英，妳最近表現很好，媽媽答應過要給妳獎勵。這個星期六帶妳去買玩具。」

小英聽了很高興，期待著星期六的到來。

星期六下午媽媽帶著小英到百貨公司賣玩具的樓層。對小英說：「妳可以自己挑妳喜歡的一個玩具，價錢要在三百元以內的。」

小英點點頭，很高興的到處逛，最後選了一個洋娃娃，跟媽媽說：「我想買這個洋娃娃。」

媽媽一看，皺著眉頭說：「家裡已經有十幾個洋娃娃了，妳還要買洋娃娃啊？妳買這麼多洋娃娃，想去賣呀？不行！不行！去換一個。」

小英有些失望卻又無奈，只好再找了一個玩具機關槍。

媽媽一看，說：「喂！妳有沒有搞錯啊！女孩子怎麼可以買機關槍？那是男生玩的玩具。不行！不行！再去換一個。」

小英又失望了一次，露出不悅的表情，但是沒辦法，只好再去找其他玩具。

這次終於抱了一個Kitty貓玩偶，有些不安地跟媽媽說：「媽媽！家裡沒有Kitty貓，我可以買這個嗎？」

媽媽看了看Kitty貓，搖搖頭說：「這個Kitty貓是白色的，很容易弄髒的。再去找一個耐髒的玩具才行。」

結果，三次挫折下來，小英委屈的哭了起來：「這也不行，那也不行。到底妳是不是真的要買玩具給我？我不要買玩具了啦！」

媽媽看到旁邊有個咖啡色的小熊玩偶，就對小英說：「我看我們就買這個小熊熊吧！比較耐髒。」

小英看了一眼小熊熊，邊哭邊生氣的說：「醜死了！我不要！」

媽媽看到小英生氣的樣子，也很不高興，指著小英說：「妳發什麼脾氣！哭什麼哭！妳搞清楚，是我買玩具給妳做獎品的，妳還不高興，拉倒！回家！」

一件好事最後弄到不歡而散。

解析

從上面這個例子來看，其實這位媽媽應該在帶小英去買玩具前，要先告訴小英買玩具的原則有三個：第一，不能買洋娃娃；第二，不能買男生玩的玩具；第三，要買耐髒的玩具。然後就讓小英自己去找符合這三個條件的玩具，就可以皆大歡喜了。事先一次把原則、規定講清楚，孩子都可以遵循去做的。

如果媽媽事先沒有考慮得那麼周延，有些條件忘了事先講，臨時看到孩子選的玩具，才想起來。怎麼辦呢？

那時最好先接納孩子的選擇，等下一次孩子有好表現，要再給他買玩具時，再把條件加上去。當然，如果那個玩具有明顯的安全問題，可能會造成孩子傷害的話，父母親可以堅持不買。

要能具備這樣的教養態度，牽涉很多因素。諸如：父母親教養子女的理念、父母過去成長的經驗、父母親的安全感、孩子的個性與特質、家庭中長輩的觀點等等。其中我覺得最重要的一項影響因素就是「父母親的安全感」。父母親的安全感越高，越可能採用這種開放的態度來教養孩子。父母親的安全感越低，就越不可能。

父母親的安全感與他們對自己的「角色權威」是否自我肯定有關。如果父母親對自己擔任父母親的這個角色有十足的自信，安全感足夠，就比較能接受孩子的個別差異性，也比較會允許孩子大膽的探索外在世界。即使孩子因此而吃些苦、受點教訓，他們都比較會給予正向的評價。孩子在父母親這種鼓勵的態度薰陶下，也相對的比較有勇氣嘗試新事物，學習自我決定與自我負責。

教養訣竅

讓孩子自己做選擇時，父母親所要求的「原則」要先講，不宜等孩子做了選擇之後才臨時要孩子改變。

要想培育一個自我肯定、有安全感、能自我負責的孩子，要先從父母親的自我肯定著手，父母親要先培養自己的安全感與自信心。

教養孩子需要「狠心」

導言

「惻隱之心人皆有之」，我們對受苦受難的人常常會有不忍人之心。在教養孩子的時候，父母親固然需要愛心與耐心，然而在培養孩子行爲規範的時候，必須堅持原則，不能因爲婦人之仁，一時心軟而任意更改要求的標準，以致破壞了孩子正確的學習。所以教養孩子除了要有「愛心、耐心」之外，還要加上「狠心」，才能促使孩子得到均衡的成長。

情境

小順是個國小三年級的男孩，平常表現都還算乖巧。這次月考表現不錯，成績進步蠻多的。再加上在家幫忙家事很勤快，讓父母親很高興，覺得小順越來越乖了。於是爸媽決定給小順買個玩具作爲獎勵，希望鼓舞小順有更好的表現。

星期日下午爸媽帶小順到百貨公司，讓小順挑選他自己喜歡的玩具。但是，事先與小順約定好，只要價錢在二百元以內，隨他挑選一個玩具。

小順很高興地在賣玩具的樓層東逛西逛，努力挑選他中意的玩具。最後，小順選了兩個玩具，拿在手上。一個價錢是一百九十九元，另一個價錢二百五十元。小順知道爸媽給的限制是「不能超過二百元」，因此，手上拿著兩個玩具，左看、右看，不知如何是好。就這樣在爸媽跟前晃過來晃過去，還不時的用祈求的眼光看看爸媽，期望他們能有惻隱之心，能放寬限制，讓他買到比較喜歡的玩具，可是爸媽似乎並不爲所動，因此，遲遲不能決定。

爸媽在一旁看到小順的表現，內心明白，他比較喜歡二百五十元的玩具，但是因爲顧慮到爸媽的限制，內心十分掙扎，才難以決定。這時媽媽就跟爸爸商量：「我看小順比較喜歡那個二百五十元的玩具，乾脆添個五十元買給他算了吧！」

爸爸搖搖頭，不以爲然的說：「當初我們已經跟小順講好了，玩具的價錢要在二百元以內。現在臨時提高額度，我看這不太好吧！」

媽媽聽了，覺得也有道理，於是也就沒有繼續堅持下去。

過了一會兒，爸爸看小順仍然沒有決定要買哪個玩具，於是催促小順趕緊做決定。說：「小順，好像很難決定，我們再給你兩分鐘時間考慮。」

最後，小順終於放下二百五十元的玩具，拿著一百九十九元的玩具給爸爸。說：「我買這個玩具好了！」

爸爸付了錢，跟媽媽及小順一起走出百貨公司的大門時，小順還是很開心，因爲他的好表現，得到了一個玩具獎品。他同時了解到爸媽所定的規則是不會隨便改變的。

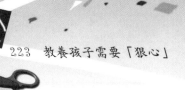

解析

上面的情境中，小順的爸爸的處理態度是很正確的。既然事先跟小順約定好給他獎勵標準，在百貨公司就不宜臨時改變。小順從這次的經驗中也會清楚學到：爸媽是說話算話、不容改變的。這對小順的成長有長足的好處。

可是很多父母親雖然也了解這個原則的重要性，但臨場看到孩子內心的掙扎，經常會有股衝動，出現像小順媽媽的念頭：「不差那五十元，給孩子比較喜歡的吧！」這是父母親愛孩子的自然表現，因此，需要刻意的加以抑制，才能用比較理智的態度來處理。

如果父母親看到孩子一副哀怨的樣子，一時於心不忍，變更原先的約定。孩子很快就學會：只要採用軟性的哀求方法，父母親的規定就可以改變。往後對父母親的要求都會持保留態度，比較不能遵從。以後當父母親察覺這樣做並不合適而堅持原則時，孩子很可能會理直氣壯的說：「上次你們都可以，為什麼這次不行？」言下之意好像是父母親錯了。

教養訣竅

父母親與孩子一旦做了約定，就要堅持到底。縱使孩子採用「哀兵政策」、「苦肉計」等軟性的方法，想使父母親在惻隱之心作用下，臨時改變原先的約定，父母親都要有所警覺，務必「狠心」的堅持到底。

培養孩子受人歡迎的特質

導言

在我參與籌辦的暑期夏令營中，高中生的營隊都是年齡在十六到十八歲左右的孩子參加。我看到有些這樣的青少年，父母親都還把他們當作小孩子看待，他們的行爲舉止明顯的出現自我中心、幼稚、人際關係能力很差的現象。令我十分擔心他們的未來，不夠成熟的個體如何能創造成熟的社會？當父母親把孩子當寶貝照顧時，實在應該隨著孩子逐漸成長，給予適當的教養與指導，培養他人格的成熟。

我感受到許多孩子的問題，固然與他自己的個性有關，但是其中一定會有父母親教養方式不當的影響因素。我眞期待做父母親的能避免過度保護，改以開朗、健康、感恩、自我負責、鼓勵獨立的心態來教養孩子。

情境

高中生以上的青年參加我們舉辦的營隊，必須自行報到。他們可以搭乘大眾運輸工具到達營區，報到通知書上都有很清楚的說明與地圖。如果不知道如何搭車，也有聯絡電話，可以給他們指導。多數的孩子都是這樣按圖索驥帶著自己的行李來報到的。

有一位高中學員的母親開車送孩子到營區，在報到處就當著孩子的面抱怨我們應該安排遊覽車接送。她認爲孩子什麼都不會，要孩子自己來報到她很不放心。

看著她爲孩子大包小包的準備了許多行李，孩子只是面無表情的在一旁冷眼旁觀。看看孩子就讀的學校，還是一所數一數二的名校。但是我怎麼看也看不出他有一流名校學生的氣質。

在活動中，他總把自己的姿態擺得高高在上，不屑與其他夥伴交流、互動，更不見他有任何關懷別人的行爲，十足的自我中心模樣。在選小隊長時，他似乎很想擔任那個職位，可是小隊成員都不喜歡他，選了另一位成員擔任小隊長。他覺得很挫折，整天悶悶不樂，更不願參與小隊的活動。

輔導老師看到這種情況，曾經跟他個別談話，勉勵他打開心胸，接納其他成員，努力投入活動中。可是他始終無法放開自己，依舊冷漠旁觀。最後活動結束時，他覺得這個營隊很無聊，不好玩。但是其他夥伴在意見調查上的反應卻是完全相反，他們都覺得很有收穫，很好玩，自我成長了許多，甚至要介紹他們的同學、朋友來參加。

營隊結束，這位學員的母親開車來接他回去，其他同學正三五成群有說有笑的帶著自己的行李走路去搭公車。目送那輛轎車孤寂的離去，我內心有很深的感觸。這位孤寂的孩子什麼時候才能走出象牙塔，展開雙臂，擁抱其他人？他的母親更應該自我察覺她爲孩子所做的一切是否在幫助孩子充實生活能力，而不是使孩子變得更加「無能」？

解析

上面情境中的這位母親認爲孩子什麼都不會，要孩子自己來報到她很不放心。她認爲孩子什麼都不會，若不是母親低估了孩子的能力，就是母親沒有培養孩子獨立自主的能力，使得孩子變成無能。對於要孩子自行報到母親很不放心，問題不在孩子身上，而是母親的問題。她的焦慮與擔心要自己去尋求紓解的方法，而不是剝奪了孩子獨立自主的機會，以消滅母親自己內心的不安。

當孩子在營隊中沒選上小隊長，面對這種挫折的情緒不知如何處理，結果採用了退縮、隔離的反應，拒絕參與小隊活動，把自己孤立起來。結果使自己與同伴之間的關係越加隔閡，更難融入團體。這種消極的反應方式充分顯示他性格上的不夠成熟。我相信這樣的表現與他的母親從小的教導有密切不可分的關係。

根據研究發現（Hartup, 1983），比較得人緣的人不論男女、不論年齡，都具有下面的特質：

1.行爲舉止被他人接受、認可。
2.能明察他人的需求而予以滿足，具有高度同理心。
3.有自信，卻不自負、驕傲。
4.友善。
5.開朗、活潑。
6.性情好。
7.富幽默感。
8.相當聰明，能隨機應變、八面玲瓏，深得別人喜愛。

其他的研究發現（Coie & Dodge, 1983），容易被別人拒絕的人，常具有下列特質：

1.行爲惹人討厭。
2.過分呆板，欠缺機巧、變通。
3.自大驕傲。

4. 自以爲是。
5. 具有侵略性。

容易被別人忽視、不予理會的人常具有下列特質（Coie & Dodge, 1983）：

1. 過分膽怯。
2. 害羞。
3. 冷漠、不夠熱心。
4. 不能適當的與同伴進行社交活動，如：缺少話題、與同伴互動少根筋等。

教養訣竅

父母親教養孩子要能避免過度保護，改以開朗、健康、感恩、友善、自信、自我負責、鼓勵獨立的心態來培育孩子，促進孩子成爲成熟的個體。

孩子只看電視不做功課，怎麼辦？

導言

現代家庭中最普遍的休閒活動就是看電視。有時孩子一開始看電視卡通就沈迷其中，該做的功課、家事全拋諸腦後。許多父母親都深以爲苦，通常都是唸了又唸，孩子聽到也充耳不聞，直到父母親唸到失去耐性，生氣起來，開始大聲罵孩子時，孩子才會依依不捨的離開電視。往往都會搞得親子關係緊張，衝突不斷，叫父母親十分苦惱。對電視是又愛又恨，不知該如何是好。

情境

曾經有一位媽媽問我：「我的孩子在唸國小。每次叫她不要看電視，趕快去做功課，她總是有一堆理由，拖拖拉拉的，常常搞得我很生氣。爲什麼她不能像別的孩子那樣乖巧、聽話？要怎麼教才好？」

我直接給她四點建議：

第一，叫孩子做任何事情之前，要給孩子心理準備的時間。例如：「妳現在正在看電視，十分鐘後妳就要開始寫功課。」「妳現在正在玩玩具，五分鐘後，妳要去洗澡。」不要突然間要孩子停止看電視，「立刻」去寫功課，或突然間要孩子停止玩玩具，「立刻」去洗澡。

事先預告後面要做的事情，給孩子緩衝時間，孩子比較能配合。

第二，緩衝時間一到，不論孩子說什麼，都要孩子「立刻」去做該做的事情，除非有合理而必要的理由，否則不可以有例外。

如果孩子跟妳講理由，想延後一點時間，不必與孩子爭辯，只要溫柔而堅定的告訴孩子：

「我了解妳的理由，但是現在是妳開始做功課的時間。」

盯住孩子關掉電視，然後去做功課。當孩子做到時，記得稱許孩子一下：

「妳關掉電視開始做功課，這樣很好，媽媽很喜歡。」

第三，父母親已經給孩子緩衝時間，如果孩子還是不肯配合，父母親只要堅定的把電視關掉，並告訴孩子：「現在是寫功課的時間。」父母親不要走開，陪著孩子，一直到孩子開始做功課。然後稱讚她：「這樣很好！」

如果孩子脾氣很拗，父母親要控制好自己的情緒，不要發脾氣，只要重申：「現在是寫功課的時間。」然後堅持到底，以無比的耐心與孩子耗下去，直到孩子開始做功課，然後稱讚她。

第四，父母親在整個處理的過程中一定要避免生氣或開罵。千萬不要跟孩子爭辯，因爲那無濟於事，反而會錯誤地增強了孩子不合適的爭辯行爲。更糟糕的是爭辯的結果父母親很容易動怒，造成以後「爸媽不生氣，孩子就不動」的結果，而且父母親要逐漸增加生氣的強度，孩子才會聽話。

解析

要孩子配合父母親的要求，最好事先讓孩子有心理準備，孩子比較能配合。絕大多數的孩子都是很希望能表現符合父母親的期望的，他們都很想討父母親的歡心。如果父母親能給孩子心理準備的時間，彼此會配合得比較和諧，父母親何樂而不爲？

當孩子做到時，記得稱許孩子。孩子遵照父母親的要求表現時，父母親能夠給予一點稱讚，除了讓孩子覺得開心外，還會對孩子形成「聽話就會被稱讚」的學習，以後自然更願意配合父母親的要求。一點點的稱讚，可以帶來這麼好的良性循環，父母親何樂而不爲？

與孩子比耐力常常是父母親覺得困難的地方，然而，堅持到底是不變的法則。當然，父母親可以在過程中給予孩子開導，講道理給孩子聽，讓孩子心服口服。有的孩子可以接受，但是不見得每個孩子都能接受父母親的開導。

除了看電視之外，有的孩子看漫畫、玩玩具、玩電動玩具、玩電腦遊戲等等，都可能出現停不下來的情形。處理的原則是一樣的，可以比照辦理。

上述的處理方式，可以讓孩子學習到「節制」。只要父母親能以溫柔而堅定的態度處理，孩子逐漸就會類化到其他的玩樂事情上，形成「自我節制」，而不會沈迷其中，這對於孩子培養自我控制的能力是極爲重要的。

教養訣竅

父母親對孩子有所要求時，如果能事先讓孩子有心理準備的話，孩子比較容易配合。

教養孩子，父母親要堅持到底、不隨意改變，是不變的法則。

當孩子做到父母親的要求時，記得要稱許孩子。

父母親以身作則，行動一致

導言

父母親在管教孩子的做法上要一致。不能父親嚴格要求孩子時，母親在旁給父親潑冷水，或唱反調。結果孩子會搞不清楚，到底要聽誰的話才對。

父母親對孩子的要求也不能因自己的情緒好壞而任意變更標準，使得孩子不知該行爲的「原則」到底是什麼，只能從父母親的臉色來猜測該怎樣反應才適當。固然這種做法可以訓練孩子「察言觀色」，但終究不是我們教養孩子的主要目標。

情境一

一位父親看到孩子月考的成績單，數學居然考不及格。正厲聲的斥責孩子不用功唸書時，母親在旁邊插嘴：「你自己過去唸書也不怎麼樣，還死當過好幾科！孩子的成績已經比你過去好太多了，你還好意思對孩子那麼兇！」結果父親面子掃地，一肚子火，臉色鐵青，把成績單往桌上一甩，出門去了。搞得孩子莫名其妙，不知如何是好。媽媽也愣在當場，不知如何善後。

情境二

一位父親爲了要孩子吃飯時間專心吃飯，規定吃晚飯時間不能看電視，等吃完晚飯才能打開電視。可是這位父親很喜歡看足球賽，爲了看世界杯足球賽的轉播，他也顧不了自己的規定。吃飯時自己打開電視，看得津津有味，孩子們也樂得看到父親開心的樣子。這位父親心想：「只有這一次我例外，應該沒有關係才對！」

事實不然，第二天晚餐時，孩子邊吃晚飯邊吵著要看電視卡通。父親正氣凜然的說：「絕對不准！這是我們家的規矩。」孩子立刻抗議說：「你昨天看足球賽就可以，爲什麼我們不可以看卡通？」這位父親被問得啞口無言。

解析

父親或母親在管教孩子時，另一半當場給他「吐槽」，讓他在孩子面前出糗，這種情形一定要避免。如果父母親彼此對對方教養孩子的方式有不同的意見的話，最好是私下溝通。千萬不要當著孩子的面，彼此唇槍舌劍，或彼此漏氣，或故意採取對立行動。結果孩子會感到困惑與茫然，不知道該聽誰的；也可能會自責都是自己不好，害父母親吵架；或者樂得在一旁隔岸觀火，看爸媽的戰爭如何結束。這幾種結果都不是我們教養孩子的目的。

父母親在對孩子實施管教時要注意前後一致、言行一致、表裡一致。既然訂定了規範，就要以身作則，率先遵守，做良好的示範，絕對不可帶頭破壞規矩，否則孩子就會模仿父母親的違規行爲。屆時再做糾正，孩子也會質疑父母親自己都做不到，豈可要求孩子？造成管教上的困擾。

父母親還要注意不能因爲自己心情不好，就嚴格要求孩子，不打一點折扣。當自己心情好時，原先要求的事情就可以打個七折八扣。這種前後不一致，全憑父母心情好壞來決定的管教方式，很難讓孩子學習到「規範」與「原則」是什麼，當然無法培養出負責任的孩子。

教養訣竅

父母親要求孩子的事情，一定要能堅守前後一致、言行一致的原則，以身作則。父母親對孩子的要求也不能隨自己的情緒好壞而任意變更標準。

親子溝通藝術——教養子女的好方法

著　　者☞ 吳澄波
出 版 者☞ 揚智文化事業股份有限公司
發 行 人☞ 葉忠賢
總 編 輯☞ 林新倫
登 記 證☞ 局版北市業字第 1117 號
地　　址☞ 台北市新生南路三段 88 號 5 樓之 6
電　　話☞ （02）23660309
傳　　真☞ （02）23660310
郵政劃撥☞ 19735365　戶名☞ 葉忠賢
法律顧問☞ 北辰著作權事務所　蕭雄淋律師
印　　刷☞ 鼎易彩色印刷股份有限公司
初版一刷☞ 2003 年 12 月
I S B N ☞ 957-818-572-3
定　　價☞ 新台幣 250 元
網　　址☞ http://www.ycrc.com.tw
E-mail ☞yangchih@ycrc.com.tw

國家圖書館出版品預行編目資料

親子溝通藝術：教養子女的好方法 / 吳澄波著.
--初版. --臺北市：揚智文化, 2003[民92]
面； 公分.
ISBN：957-818-572-3(平裝)

1.親職教育 2.父母與子女

528.21 92018774